El Imperio babilónico

Una apasionante visión de Babilonia y los babilonios

Índice

INTRODUCCIÓN 1

CAPÍTULO 1: EL PERIODO PREBABILÓNICO 5

CAPÍTULO 2: LOS PRIMEROS BABILONIOS.. 18

CAPÍTULO 3: EL AUGE DE BABILONIA 30

CAPÍTULO 4: LA DINASTÍA CASITA.. 42

CAPÍTULO 5: EL DOMINIO ASIRIO 53

CAPÍTULO 6: UN NUEVO IMPERIO: LOS NEOBABILONIOS.............. 68

CAPÍTULO 7: EL DECLIVE Y CAÍDA DE BABILONIA 80

CAPÍTULO 8: SOCIEDAD BABILÓNICA Y GOBERNANTES
FAMOSOS.. 92

CAPÍTULO 9: CULTURA E INNOVACIÓN 105

CAPÍTULO 10: MITOS Y RELIGIÓN 118

CONCLUSIÓN 131

VEA MÁS LIBROS ESCRITOS POR ENTHRALLING HISTORY 134

BIBLIOGRAFÍA 135

Introducción

Los gritos atravesaban la noche. Dentro de los relucientes muros de Babilonia, el joven rey Nabucodonosor II yacía gimiendo en su palacio. Su inquietante sueño le impedía dormir, pero no podía recordar el sueño. Llamando a sus escribas, astrólogos y hechiceros, exigió: «¡Debo saber qué significa!».

«¡Larga vida al rey! Contadnos vuestro sueño y os lo interpretaremos».

«¡No! —dijo Nabucodonosor—. ¡Díganme *vosotros* lo que he soñado! ¡Si no podéis, haré que los hagan pedazos! Pero si pueden decirme mi sueño y su interpretación, los colmaré de regalos y honores».

Los astrólogos caldeos se miraron horrorizados. «¡Ningún rey de la tierra ha pedido nunca algo así! Solo los dioses pueden deciros vuestro sueño».

Furioso, Nabucodonosor ordenó la ejecución de todos los sabios, astrólogos y hechiceros de Babilonia. El comandante de la guardia del rey llegó a la casa de Belsasar, uno de los consejeros del rey, para arrestarlo. Cuando Belsasar escuchó la orden del rey, dijo: «No matéis a los sabios. Llevadme ante el rey y le diré el significado de su sueño».

«¿Es esto cierto? —Nabucodonosor le preguntó a Belsasar —. ¿Puedes decirme lo que he soñado e interpretarlo?»

«El Dios del cielo que revela los misterios os ha mostrado el futuro», respondió Belsasar.

»En vuestra visión, visteis una enorme y brillante estatua de un hombre. La cabeza de esta espantosa imagen era de oro, su pecho y sus brazos eran de plata, su vientre y sus muslos eran de bronce, sus piernas eran de hierro y sus pies una mezcla de hierro y arcilla. De repente, se vio cómo una enorme roca golpeaba los pies de la estatua, haciéndolos pedazos. Toda la imagen se desmoronó, pero la roca creció hasta convertirse en una magnífica montaña que cubrió la tierra.

»Ahora, esta es la interpretación de vuestro sueño. Tú eres el rey de los reyes, la cabeza de oro. Después de ti, surgirá un reino inferior. Luego, un tercer reino de bronce gobernará la tierra. El cuarto reino de hierro destrozará y aplastará a todos los demás reinos. Este reino será entonces dividido. Como los pies de la estatua eran en parte de hierro y arcilla cocida, será en parte fuerte y en parte frágil.

»El peñasco que se convirtió en una montaña que cubre la tierra es un reino inconmovible que acabará con todos los demás reinos, pero se mantendrá en pie para siempre. Dios os ha dicho lo que sucederá en el futuro»[1].

Nabucodonosor asintió. Era su sueño. Promovió a Belsasar como gobernante de la provincia de Babilonia y jefe de sus consejeros eruditos y magos. Luego reflexionó sobre los orígenes de Babilonia y hacia dónde llevaría su reino de oro.

Aunque el Imperio babilónico era indiscutiblemente una fuerza formidable en el escenario del mundo antiguo, ¡era mucho más! Cuando una terrible sequía se apoderó de Oriente Próximo hacia el año 2200 a. C., los nómadas semitas invadieron Mesopotamia, la tierra situada entre los ríos Éufrates y Tigris, en busca de pastos para sus rebaños. Nunca se fueron. En cambio, estos pastores amorreos se establecieron, convirtieron Babilonia en una ciudad impresionante y conquistaron el resto de Mesopotamia. Eso fue solo una parte de la metamorfosis de Babilonia.

---

[1] *Daniel 2,* Tanaj: Ketuvim. Biblioteca Virtual Judía, 1997.
https://www.jewishvirtuallibrary.org/the-tanakh-full-text.

Después de que los hititas saquearan Babilonia, los casitas, de misteriosos orígenes, tomaron posesión de Babilonia; luego, Babilonia cayó bajo control asirio. Finalmente, los caldeos condujeron a Babilonia al impresionante Imperio neobabilónico, con un dominio que se extendía desde el golfo Pérsico hacia el norte hasta Turquía y bajaba por toda la costa oriental del Mediterráneo hasta el mar Rojo. Los caldeos transformaron Babilonia en una ciudad impresionante, con enormes murallas que brillaban al sol, cubiertas de ladrillos azules y mosaicos de dragones, toros y leones. Un imponente zigurat se alzaba en el centro de la ciudad, cerca del palacio con sus brillantes muros amarillos y azules.

Los babilonios eran ingeniosos en las ciencias y las matemáticas. Observaban los cielos nocturnos, registrando el movimiento de los planetas y catalogando las constelaciones. Estudiaban la rotación de la Tierra mediante modelos matemáticos y predecían los eclipses lunares y solares. Los babilonios llevaron las matemáticas a cotas asombrosas, comprendiendo las raíces cuadradas, las fracciones, el álgebra, la trigonometría y la geometría y resolviendo ecuaciones cúbicas, lineales y cuadráticas. Sabían medir el diámetro y la circunferencia de un círculo y calculaban pi (π) hasta un valor de 3,125. Utilizaron el teorema de Pitágoras más de un milenio antes de que naciera Pitágoras. Los babilonios fueron una potencia en innovación y desarrollo científico-matemático.

Este libro desvela la espectacular historia de Babilonia y los babilonios. ¿Qué civilizaciones los precedieron en Mesopotamia? ¿Cómo ascendió Babilonia a la cima? ¿Cómo influyeron la religión y la cosmovisión babilónicas en su estilo de vida y sus logros? ¿Qué tenían de excepcional sus renombrados líderes, como Hammurabi y Nabucodonosor II? ¿Cómo se alzaron, se derrumbaron y volvieron a levantarse dos veces más?

Esta historia desvelará las respuestas a estas preguntas y a muchas más en una narración exhaustiva, investigada y fácil de entender. Tanto si es un aficionado a la historia como si simplemente siente curiosidad por el Imperio babilónico, este libro dará vida a los extraordinarios babilonios, revelando cómo se desarrolló su historia. Comprenderá en profundidad cómo Babilonia dejó su huella en la cultura y la historia de Mesopotamia.

Y no solo en Mesopotamia, sino en todo el mundo.

¿Qué sentido tiene leer historia? Aprender historia es fascinante: todo gira en torno al cambio. Examinar el ascenso y la caída de Babilonia en tres ocasiones es realmente una exploración del cambio. ¿Qué líderes emprendedores impulsaron a su pueblo hacia conquistas aparentemente imposibles? ¿Qué acontecimientos desencadenaron las tres caídas cataclísmicas de Babilonia? ¿Cómo fue que la colaboración estimuló la explosión del conocimiento matemático y científico? Comprender la historia del cambio en Babilonia nos ayuda a analizar cómo podría producirse el cambio político, económico y cultural en nuestra propia sociedad.

Capítulo 1: El periodo prebabilónico

¿Qué tienen en común la primera ciudad del mundo, los primeros barcos de vela y las estatuillas de mujeres reptiles? Todos ellos fueron producidos por la cultura Ubaid de la era neolítica (5500-3800 a. C.) que precedió a las civilizaciones sumeria y acadia. Un poco antes que la cultura Ubaid, el pueblo Samarra se estableció en el centro y el norte de Mesopotamia alrededor del 6000 a. C. Las culturas de Samarra y Ubaid se solaparon y compartieron innovaciones en cerámica y técnicas de riego sencillas; comerciaban con alabastro, cornalina, cobre, obsidiana y turquesa. Unos 3.700 años más tarde, la ciudad de Babilonia surgió aproximadamente en el lugar donde se cruzaban las culturas de Ubaid y Samarra.

Las culturas neolíticas de Samarra y Ubaid eran preliterarias, pero las pruebas arqueológicas arrojan luz sobre cómo vivían estos pueblos. Los primeros pobladores de Mesopotamia eran cazadores-recolectores que cazaban rebaños salvajes, recogían peces y otros alimentos de los ríos y recolectaban el trigo silvestre einkorn, frutas y verduras sin cultivar. Con el tiempo, domesticaron cabras, ovejas y ganado, pero continuaron con un estilo de vida nómada. Vivían en tiendas de campaña o sin ningún tipo de cobijo, ya que en las primeras excavaciones arqueológicas del Neolítico no apareció nada que se pareciera a una casa, solo fogones, herramientas de piedra y cerámica tosca.

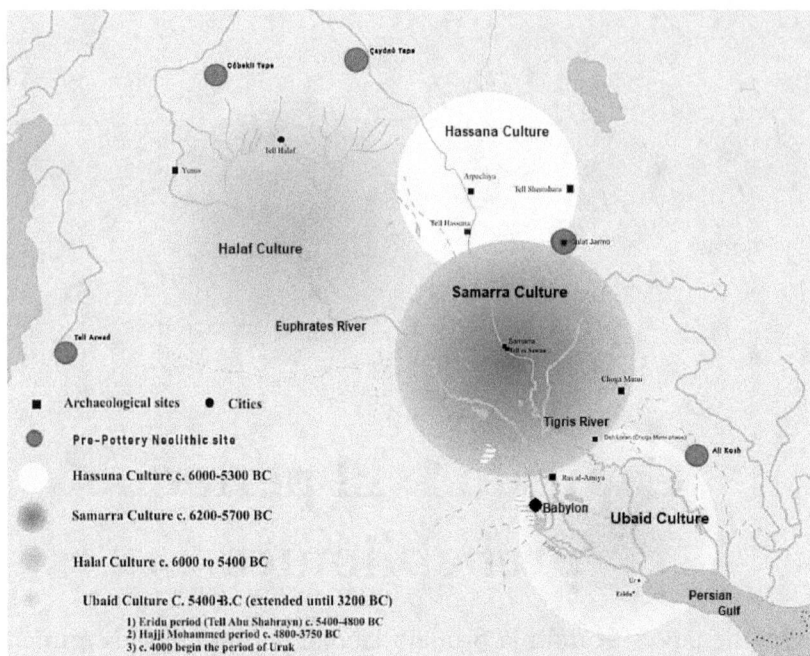

Este mapa muestra la ubicación de las culturas de Samarra y Ubaid en la región donde se encontraba Babilonia unos tres mil años después

Mapa modificado: se han añadido etiquetas de las culturas, los ríos y el golfo Pérsico. Crédito: Jolle, CC BY 3.0 https://creativecommons.org/licenses/by/3.0/ vía Wikimedia Commons; https://commons.wikimedia.org/wiki/File:Mesopotamian_Prehistorical_cultures.jpg

Luego, hacia el 6000 a. C., surgió la cultura de Samarra, con aldeas agrícolas de casas de arcilla; cultivaban cebada, lino y trigo y criaban ganado vacuno, caprino y ovino. Su tecnología incluía arados, hachas, hoces, hornos de barro y piedras de moler. Aunque no estaban alfabetizados, utilizaban sellos de una pulgada con una imagen de piedra tallada que dejaba una firma cuando se presionaba en la arcilla. Eran más famosos por su distintiva cerámica, con un engobe de color crema y diseños rojizos.

La cultura Ubaid apareció unos cinco siglos más tarde que la Samarra en el sur de Mesopotamia, la región que luego sería Sumer. Al principio vivían en casas de paja, pero más tarde construyeron casas de ladrillo de arcilla o de piedra y fueron los primeros pobladores de las antiguas ciudades de Eridu, Ur y Uruk. Eridu (quizás la ciudad más antigua del mundo) y Ur tenían vistas al golfo Pérsico, pero con el paso de los milenios, el golfo se llenó de limo de los ríos Éufrates y Tigris, y el enfriamiento global hizo que el nivel del mar bajara, dejando a estas ciudades varadas en un desierto.

Los Ubaid tenían una cultura relativamente sofisticada: utilizaban veleros para pescar y transportarse, cocinaban el pan en hornos de barro y tejían lana y lino. Las maquetas de veleros encontradas en las tumbas constituyen la primera prueba arqueológica de este tipo de transporte acuático. Los Ubaid comerciaban hasta el sur, en Bahrein y Omán, en el golfo Pérsico, quizá en velero, y hasta el norte, en Turquía y Armenia. La irrigación simple evolucionó hacia un sistema de canales más intrincado, que se alimentaba de los afluentes del río Éufrates y del lago Hammar (de agua dulce en aquella época, pero salina en la actualidad)[2]. Este avanzado sistema de riego requería el trabajo coordinado de una considerable mano de obra: un punto de inflexión histórico.

Al igual que los Samarra, los Ubaid producían una cerámica distintiva de Hadji Muhammed, generalmente de color marrón, pero ocasionalmente rosa, naranja, amarillo o verde, con formas geométricas o motivos florales pintados en negro. La cerámica, cocida a alta temperatura, era dura y duradera. Los arqueólogos Andrew Moore y Tony Wilkinson descubrieron hornos en Eridu y Ur en 1990, revelando una fabricación a escala industrial[3].

Las pequeñas figuritas de mujeres delgadas con hombros anchos y caras de reptil descubiertas en tumbas de adultos eran aún más intrigantes. No se encontraron en las sencillas estructuras de los templos de Ubaid, y es un misterio si tenían un significado religioso. Existen pruebas de que en Mesopotamia, Turquía e Irán se ataban los cráneos de los niños para producir cabezas alargadas[4]; sin embargo, eso no explicaría los ojos largos e inclinados.

---

[2] Carrie Hritz, et al., "Revisiting the Sealands: Report of Preliminary Ground Reconnaissance in the Hammar District, Dhi Qar and Basra Governorates, Iraq", *Iraq* 74 (2012): 37-49. http://www.jstor.org/stable/23349778.

[3] A. M. T. Moore, "Pottery Kiln Sites at al 'Ubaid and Eridu", *Iraq* 64 (2002): 69-77. https://doi.org/10.2307/4200519.

[4] A. Deams and K. Croucher, "Artificial Cranial Modification in Prehistoric Iran: Evidence from Crania and Figurines", *Iranica Antiqua* 42 (2007):1-21.

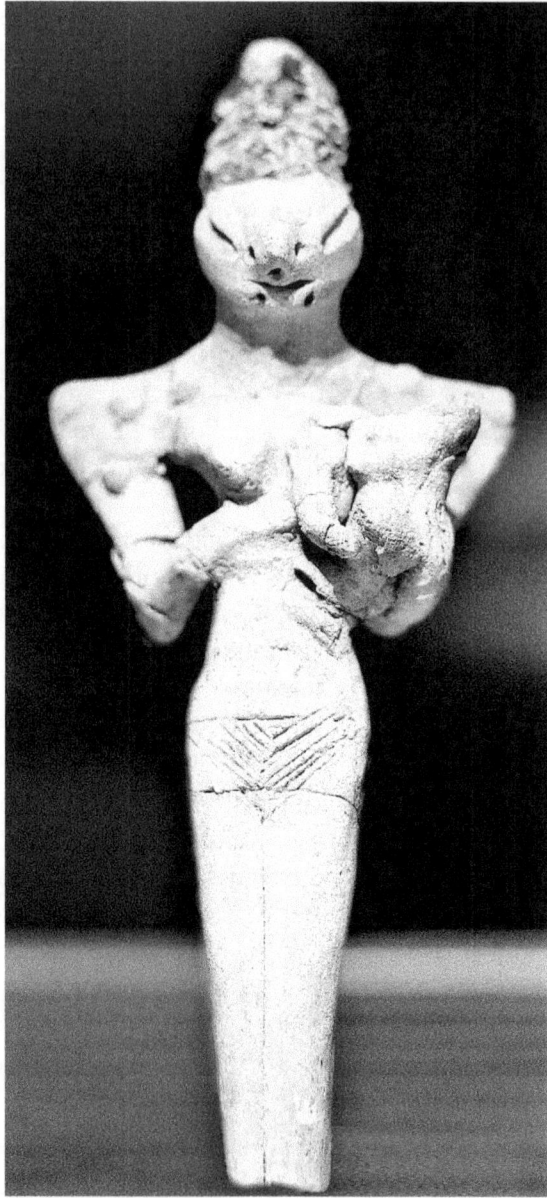

No está claro el significado de las figuras de mujeres reptiles, como esta que amamanta a un bebé

Osama Shukir Muhammed Amin FRCP(Glasg), CC BY-SA 4.0 El Imperio babilónico.docx vía Wikimedia Commons;
https://commons.wikimedia.org/wiki/File:Lizard-headed_nude_woman_nursing_a_child,_from_Ur,_Iraq,_c._4000_BCE._Iraq_Museum_(retouched).jpg

¿Qué pasó con la cultura Ubaid? Una enorme inundación cubrió Ur alrededor del año 3800 a. C., dejando una capa de cieno de tres metros. Los Ubaid abandonaron Eridu más o menos en la misma época, ya que el enfriamiento global y el aumento de la aridez provocaron la desertización, las tormentas de arena y el agotamiento del agua dulce. La ciudad ubaid de Uruk siguió floreciendo en la orilla oriental del Éufrates y acabó convirtiéndose en una ciudad sumeria. Algunos estudiosos sostienen que los sumerios originales eran el remanente de la cultura Ubaid.

Independientemente de que los sumerios fueran el remanente de los Ubaid o sus conquistadores, tomaron el control del sur de Mesopotamia (Sumer) alrededor del año 4000 a. C. Fue entonces cuando Uruk experimentó una explosión de crecimiento demográfico y una increíble innovación. Hablaban una lengua no semítica aislada, sin relación con ninguna otra, y se llamaban a sí mismos el «pueblo de los cabellos negros».

Después de que una inundación sumergiera completamente Ur, los sumerios construyeron una ciudad sobre las ruinas de la antigua ciudad de Ubaid. La nueva Ur se convirtió en una ciudad poderosa y fabulosamente rica, como demuestra el «pozo de la muerte»: la tumba de una reina enterrada con un tesoro fenomenal y más de cien asistentes que fueron sacrificados para acompañarla en el más allá. Los sumerios también reconstruyeron Eridu hacia el 2900 a. C., y la nueva ciudad contaba con un palacio del tamaño de un campo de fútbol.

Kish fue otro asentamiento ubaid que los sumerios ocuparon más tarde, hacia el 3100 a. C. Situada cerca del Tigris, al este del lugar donde más tarde se levantaría Babilonia, Kish fue la primera ciudad en ostentar la «realeza», o el dominio regional, tras el Diluvio Universal, según la *Lista Real Sumeria*[5]. Este documento, que se remonta al menos al año 2100 a. C., recoge la crónica de los reyes del sur y el centro de Mesopotamia antes y después del «diluvio». La primera parte de la *Lista Real* es probablemente mítica, pero las pruebas arqueológicas y literarias apoyan a muchos de los reyes posteriores. Además de Uruk, Ur, Eridu y Kish, surgieron otras ocho grandes ciudades-estado en Sumer.

---

[5] *Lista Real Sumeria*, trans. Jean-Vincent Scheil, Stephen Langdon y Thorkild Jacobsen. Livio. https://www.livius.org/sources/content/anet/266-the-sumerian-king-list/#Translation.

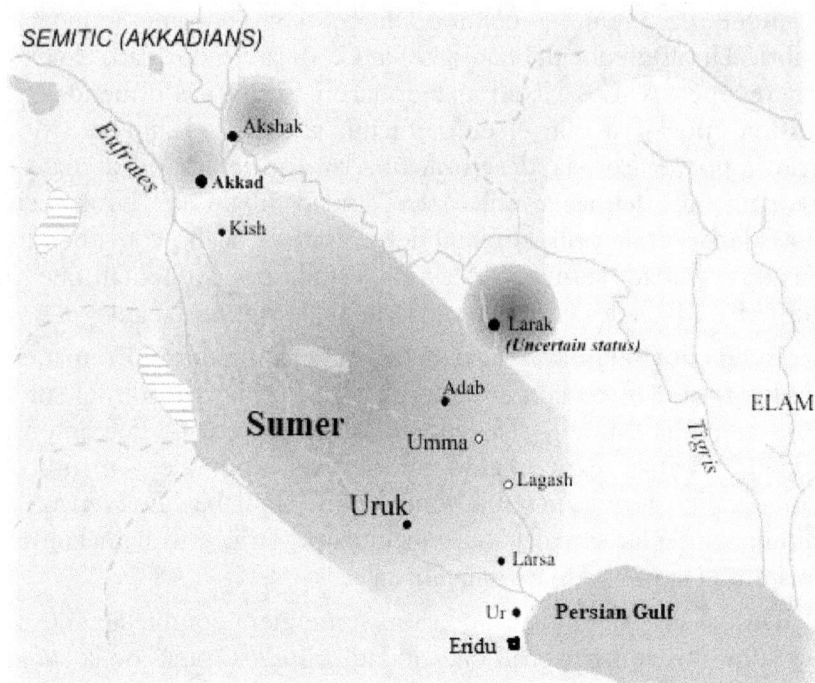

SEMITIC (AKKADIANS)

Akshak
Akkad
Kish
Larak
(Uncertain status)
Adab
Sumer
Umma
ELAM
Lagash
Uruk
Larsa
Ur
Persian Gulf
Eridu

Este mapa muestra las principales ciudades de Sumer justo antes del Imperio acadio
Foto modificada: ampliada, con nombres de lugares añadidos. Crédito: Erinthecute, CC BY-SA 4.0 https://creativecommons.org/licenses/by-sa/4.0/ vía Wikimedia Commons; https://commons.wikimedia.org/wiki/File:Umma2350.svg

Los sumerios fueron los primeros en construir gruesas y altas murallas alrededor de sus ciudades para protegerlas de los invasores. Una ciudad-estado era la propia ciudad amurallada rodeada de campos agrícolas, pastos para los rebaños, pequeñas aldeas y pueblos. Cada ciudad-estado era políticamente independiente de las demás y autónoma: podía mantener a su población con lo que podía cultivar o cosechar localmente. De vez en cuando, una ciudad se alzaba con el «reinado», lo que significaba algún tipo de dominio sobre las demás ciudades-estado.

Los sumerios mostraron un celo sin precedentes por inventar cosas nuevas, experimentando increíbles avances en todos los aspectos de la civilización. Hacia el 3500 a. C., habían desarrollado el primer sistema de escritura del mundo, una técnica que utilizaba pictogramas (dibujos sencillos) trazados en arcilla blanda, que se endurecía para formar una tablilla duradera. Las pictografías se fueron estilizando hasta convertirse en cuneiformes, una técnica en la que se presionaba el extremo de una caña sobre la arcilla para hacer marcas en forma de cuña. Este nuevo lenguaje escrito proporcionó una fascinante visión de la cultura mesopotámica una vez que los lingüistas descubrieron cómo leerlo. Por supuesto, un sistema de escritura requería las primeras escuelas; se necesitaban doce años para alcanzar el nivel de competencia de un escriba en la lectura y la escritura.

Los Ubaid y los Samarra utilizaban un riego básico, pero los sumerios desarrollaron un sistema de canales muy sofisticado para regar sus cultivos y un sistema de diques para controlar las inundaciones anuales. A pesar del clima árido del sur de Mesopotamia, la avanzada ingeniería hidráulica de los sumerios les permitía producir un excedente de cosechas, que podían utilizar en el comercio. Como dependían del sistema fluvial en lugar de la lluvia para sus cultivos, los sumerios podían sobrevivir a las condiciones de sequía. Incluso prosperaron durante la terrible sequía que comenzó alrededor del 2200 a. C., que casi diezmó el norte de Mesopotamia.

Los sumerios fueron los primeros en construir palacios de varios pisos y enormes zigurats en terrazas que se elevaban sobre la ciudad como parte de su sistema de templos. Hacia el 3300 a. C., mezclaron el cobre y el estaño para fabricar bronce, lo que les permitió producir armas y herramientas más resistentes. La tumba real de Ur muestra el astuto conocimiento de los sumerios sobre la metalurgia, con impresionantes liras plateadas y copas de oro, dagas, cascos y tocados. Sus coloridos murales y mosaicos representaban figuras excepcionalmente realistas.

Los Samarra y los Ubaid utilizaron sellos, pero los sumerios dieron un paso más al desarrollar sellos cilíndricos. Estos cilindros de piedra de diez centímetros tenían imágenes talladas, de modo que, al rodar en arcilla húmeda, surgía una imagen que representaba la «firma» de su propietario. Cientos de sellos cilíndricos han sobrevivido y, aún hoy, se pueden hacer rodar en arcilla para crear una impresión. Tienen un valor incalculable para mostrar el nivel de arte de aquella época y revelar aspectos de la historia y la cultura sumerias.

Este antiguo sello cilíndrico de lapislázuli (izquierda) produjo la impresión en arcilla (derecha), una escena mítica de héroes musculosos en combate cuerpo a cuerpo con un león y una gacela. En cada lado hay un ejemplo de escritura cuneiforme

Daderot, CC0, vía Wikimedia Commons;
https://commons.wikimedia.org/wiki/File:Cylinder_seal_-
Oriental_Institute_Museum,_University_of_Chicago_-_DSC07233.JPG

Los sumerios inventaron la primera rueda de transporte hacia el año 3750 a. C.: un antiguo sello muestra a dos hombres remolcados por un burro en un carro con ruedas. Estas primeras ruedas eran de madera maciza con un agujero en el centro para el eje. Los carros básicos se convirtieron rápidamente en carros de cuatro ruedas, representados en el mosaico del *Estandarte de Ur* hacia el 2600 a. C. Un gran asno llamado onagro tiraba de los carros, que eran incómodos de dirigir.

Los sumerios utilizaban el sistema de conteo sexagesimal, contando por sesenta (60, 120, 180, etc.) en lugar de por decenas como hacemos nosotros. Podían contar hasta sesenta usando ambas manos. Contaban con los tres nudillos de cada dedo de una mano (excluyendo el pulgar), lo que les llevaba hasta el doce. Cuando llegaban al doce, levantaban un dedo de la otra mano. Una vez que tenían los cuatro dedos y los pulgares en alto, llegaban a sesenta. Los sumerios también desarrollaron la hora de sesenta minutos y el minuto de sesenta segundos, y dividieron el día y la noche en doce horas cada uno.

El año 2334 a. C. fue un punto de inflexión en la historia de Mesopotamia cuando los acadios formaron el primer imperio multinacional del mundo. ¿Quiénes eran los acadios que lideraron la Edad de Oro de Mesopotamia? Eran una tribu semita que emigró desde la península arábiga al norte y centro de Mesopotamia hacia el 2700 a. C., pero quizás siglos antes: los primeros reyes de Kish tenían nombres semitas. Poco a poco se fueron extendiendo por el sur de Mesopotamia, asimilando la cultura sumeria. Muchos sumerios y acadios eran probablemente bilingües, y los acadios adaptaron la escritura cuneiforme a su propia lengua.

Los acadios y los sumerios compartían muchos de los mismos dioses, como el dios del sol Utu (Shamash acadio), el dios de la luna Nanna (Sin acadio) e Inanna, la diosa de la guerra y la sexualidad (Ishtar acadia). Más tarde, los babilonios adorarían a estos dioses y a otros del panteón tradicional mesopotámico. Aunque los acadios y los sumerios tenían lenguas y etnias diferentes, sus estilos de vida eran similares. Vivían en casas de tejados planos y ladrillos de barro, y la mayoría de la población trabajaba como agricultores, pastores o en la construcción y mantenimiento de sistemas de riego.

Los acadios se hicieron con el poder bajo el liderazgo de Sargón, un hombre de orígenes desconcertantes y humildes. Supuestamente hijo de una sacerdotisa que lo abandonó cuando era recién nacido, un jardinero lo rescató del río y lo crio como su hijo en Kish. El rey de Kish elevó repentina e inexplicablemente a Sargón a ser su copero, pero casi inmediatamente empezó a sospechar de la traición de Sargón e intentó matarlo. Sargón escapó del palacio, reunió apoyo y usurpó el trono de Kish.

Esta llamativa escultura de cobre es Sargón o uno de sus descendientes
Hans Ollermann, CC BY-SA 2.0 https://creativecommons.org/licenses/by-sa/2.0 vía Wikimedia Commons; https://commons.wikimedia.org/wiki/File:Mask_of_Sargon_of_Akkad.jpg

El siguiente paso de Sargón fue enfrentarse al poderoso rey Lugalzagesi, que ya había conquistado todo el sur de Sumer. Con la velocidad del rayo, el emprendedor Sargón derrotó al temible Lugalzagesi y triunfó sobre las ciudades de Sumer. Sargón se dirigió entonces al norte de Mesopotamia y más allá, extendiendo el primer imperio del mundo a Siria, Turquía, Líbano, Canaán (Israel) y las tierras al este del Éufrates y al oeste del Tigris. A continuación, se dirigió al sureste para conquistar Elam (Irán). La enorme franja de territorio conquistada por los acadios abrió las rutas comerciales, vertiendo fabulosas riquezas en Agade (la capital de Acad).

El hijo menor de Sargón, Rimush, asumió el trono a su muerte y pasó la mayor parte de sus años sofocando sin piedad las rebeliones que habían surgido en Sumer. Aplastó ciudades, mató a la mayor parte de la población del sur de Sumer y reubicó al remanente en la esclavitud o el exilio. Rimush solo reinó nueve años antes de que sus propios cortesanos se volvieran contra él, golpeándolo hasta la muerte con sus sellos de cilindro.

Tras el asesinato de Rimush, su hermano mayor Manishtushu ascendió al trono y se centró en consolidar más tierras extranjeras, poniendo todo el golfo Pérsico bajo su poder. También amplió las rutas comerciales de su padre por el río Tigris hasta su cabecera en los montes Tauro. Tras quince años de reinado, Manishtushu también fue asesinado por sus hombres y el trono pasó a manos de su hijo, Naram-Sin.

Naram-Sin fue un conquistador despiadado que supuestamente ofendió a los dioses
Rama, CC BY-SA 2.0 FR https://creativecommons.org/licenses/by-sa/2.0/fr/deed.en *vía*
Wikimedia Commons; https://commons.wikimedia.org/wiki/File:Naram-Sin.jpg

Naram-Sin fue otro brillante conquistador, como su abuelo Sargón, que expandió el imperio hasta su más amplio alcance. Sin embargo, según la opinión popular, su orgullo provocó la caída del imperio. Aceptó la adoración de su pueblo como un dios, incluso construyendo un templo para sí mismo. Poco después, Mesopotamia se vio afectada por el evento de aridificación del kiloaño 4-2 BP (2200 a 2000 a. C.), con un cincuenta por ciento menos de precipitaciones en una tierra ya semiárida. La agricultura del norte de Mesopotamia, que dependía de la lluvia, no pudo sobrevivir, lo que provocó una hambruna masiva y un éxodo hacia el sur, a Sumer, donde las avanzadas técnicas de riego habían permitido a la población resistir[6].

---

[6] Harvey Weiss, *Megadrought and Collapse* (New York: Oxford University Press, 2017), 94-183.

Para colmo de males, las tribus bárbaras guti de los montes Zagros de Elam (Irán) irrumpieron en Mesopotamia con ataques de guerrilla a las ciudades, despojando a los campos de los productos que había dejado la sequía, liberando a los animales domésticos de sus corrales y devastando las rutas comerciales. La gente murió de hambre sin que nadie los enterrara. El poderoso Imperio acadio cayó después de solo un siglo y medio de poder.

La caída del Imperio acadio y el cambio de población provocado por la sequía, impulsaron el ascenso al poder de Sumer, liderado por la ciudad de Ur, en lo que se conoce como el Imperio neosumerio o la Tercera Dinastía de Ur. Tuvo una vida corta, al igual que el Imperio acadio, durando solo un siglo. Fue conocido por su fundador, Ur-Nammu, quien escribió uno de los primeros códigos legales conocidos del mundo. En esta época, Ur fue también el hogar del patriarca Taré, cuyo hijo Abraham emigró más tarde a Canaán para fundar la nación israelita.

Utu-hengal, rey de Uruk, expulsó finalmente a los guti de Mesopotamia. Ur-Nammu, que había servido como general bajo su mando, ascendió al poder a su muerte, dando paso a la Tercera Dinastía de Ur (2112-2004 a. C.). Ur-Nammu derrotó a un rey rival en Lagash y unificó toda Sumer, restaurando la lengua sumeria, que casi se había extinguido. Construyó el Gran Zigurat de Ur y numerosos complejos de templos. Su código legal escrito, conservado hasta hoy en tablillas cuneiformes, trataba del secuestro, el asesinato, las relaciones sexuales prematrimoniales, los derechos de los esclavos, la brujería, etc.

Bajo el mandato de Ur-Nammu, Ur creció hasta alcanzar los sesenta y cinco mil habitantes, siendo la mayor ciudad del mundo de su época y un importante centro comercial en el golfo Pérsico e incluso con la India. Después de su muerte, su hijo Shulgi afirmó haber corrido cien millas en un día: de Nippur a Ur. Independientemente de que eso ocurriera realmente, Shulgi construyó una muralla de 155 millas de largo para mantener fuera de Sumer a los pastores amorreos que habían estado emigrando desde la gran sequía.

Puede que la muralla mantuviera a raya a los amorreos, pero los elamitas invadieron Sumer desde el suroeste, rodeando el extremo oriental de la muralla. Saquearon Ur y capturaron a Ibbi-Sin, el último rey de la dinastía neosumeria, poniendo fin a la última dinastía de Ur. Los elamitas gobernaron Ur y la mayor parte de Sumer durante las dos décadas siguientes. Aunque Ur nunca volvió a dominar la escena política, siguió siendo una ciudad comercial rica y estratégicamente situada durante otros mil años.

Capítulo 2: Los primeros babilonios

¿Cuándo se fundó Babilonia? ¿Y quién construyó primero la ciudad? La fundación de la que un día sería la mayor ciudad del mundo está rodeada de misterio. Dos curiosos pasajes sobre Sargón el Grande y Babilonia se encuentran en la *Crónica de los primeros reyes* (escrita hacia el año 1500 a. C.) y en la *Crónica de Weidner* (escrita hacia el año 1800 a. C.). *La Crónica de los primeros reyes* dice lo siguiente sobre Sargón en su vejez:

«Desenterró la tierra de la fosa de Babilonia e hizo una contraparte de Babilonia junto a Agade. A causa del mal que había hecho, el gran señor Marduk se enfadó y aniquiló a su familia mediante el hambre. De este a oeste, los súbditos se rebelaron contra él, y Marduk lo afligió con insomnio»[7].

La *Crónica de Weidner* expuso el mismo tema de Sargón desenterrando Babilonia (los corchetes y las elipsis indican daños en la tablilla, que la hacen ilegible):

«Ur-Zababa ordenó a Sargón, su copero, que cambiara las libaciones de vino de Esagila. Sargón no cambió, sino que tuvo la precaución de ofrecer [...] rápidamente a Esagila. Marduk, el rey

---

[7] *Crónica de los primeros reyes (ABC 20)*, Livius.
https://www.livius.org/sources/content/mesopotamian-chronicles-content/abc-20-chronicle-of-early-kings.

del mundo, lo favoreció y le dio el gobierno de los cuatro rincones del mundo. Se ocupó de Esagila. Todo el que se sentaba en un trono traía su tributo a Babilonia. Sin embargo, ignoró la orden que le había dado Bêl. Excavó la tierra de su fosa, y frente a Acad construyó una ciudad a la que llamó Babilonia. Enlil cambió la orden que había dado, y desde el este hasta el oeste, la gente se le opuso. No pudo dormir. Naram-Sin destruyó al pueblo de Babilonia, así que dos veces Marduk convocó las fuerzas de Gutium contra él»[8].

Ur-Zababa era el rey de Kish, bajo el cual Sargón sirvió como copero. El Esagila era un complejo de templos en Babilonia, que no se construyó hasta siglos después de Sargón, por lo que esa parte de la crónica es incorrecta. Estos dos pasajes hacen pensar que Babilonia ya existía antes de que Sargón se convirtiera en un rey poderoso (posible, pero habría sido una ciudad pequeña) y que su complejo de templos ya era de importancia (poco probable). Al parecer, la orden de Ur-Zababa de cambiar las libaciones de vino al templo fue un sacrilegio, y al negarse a hacerlo, Sargón recibió el favor de Marduk, dios de Babilonia (también conocido como Bêl). Sin embargo, Marduk fue inicialmente solo un dios menor de la «ciudad» de Babilonia, sin influencia sobre Kish hasta mucho después.

Ambos relatos dicen que Sargón «cavó tierra» de la fosa de Babilonia, sea lo que sea que eso signifique, y luego construyó una segunda Babilonia frente a Agade (Acad), la capital del Imperio acadio. ¿Cavar tierra implicaba que Babilonia había sido demolida? ¿O simplemente Sargón tomó parte de la tierra de la ciudad sagrada? El significado no está claro, pero de alguna manera, Sargón incurrió en la ira de Enlil: el dios creador de reyes. Ambos pasajes dicen que Sargón sufrió insomnio como resultado de su pecado.

La *Crónica de Weidner* dice que el nieto de Sargón, Naram-Sin, destruyó al pueblo de Babilonia y recibió dos invasiones de Gutium como castigo. Babilonia existía definitivamente en la época del Imperio acadio, ya que una tablilla cuneiforme que data de la época

---

[8] *Crónica de Weidner (ABC 19)*, Livius.
https://www.livius.org/sources/content/mesopotamian-chronicles-content/abc-19-weidner-chronicle.

de Sargón menciona la ciudad. Además, los registros anuales del hijo de Naram-Sin, Shar-kali-si, dicen que este puso los cimientos de los templos de la diosa Annunitum y del dios Aba en Babilonia en su undécimo año. En aquellos tiempos antiguos, los mesopotámicos no nombraban ni numeraban sus años; en su lugar, marcaban los años identificando algo que el rey hacía en ese año.

Los propios babilonios no parecían tener una historia sobre la fundación de Babilonia, pero los griegos tenían varias versiones sobre el establecimiento de Babilonia en el Éufrates, justo al sur de la actual Bagdad. El médico griego del siglo V a. C., Ctesias, dijo que la reina Semíramis construyó Babilonia. Pero Semíramis fue una reina asiria que reinó del 811 al 806 a. C., más de 1.400 años después de que Babilonia existiera definitivamente. El historiador griego Hecateo dijo que Babilonia era una colonia egipcia fundada por Belos (hijo de Poseidón y Libia). Abideno y Diodoro Sículo dijeron que Belos la construyó, pero Belos (Belus) era mesopotámico, no egipcio[9]. Diodoro incluso dio una fecha para la fundación de Babilonia, 2286 a. C., y dijo que Belo gobernó allí durante cincuenta y cinco años. Su fecha es plausible, ya que sería hacia el final del reinado de Sargón. El nombre de Belus o Belos se asocia con el dios principal babilónico Marduk. Sin embargo, la palabra «Bel» o «Baal» en lenguas semíticas significa simplemente «señor».

La *Torá* hebrea dice que Nimrod, descendiente de Cush, estableció su reino en Sumer con Babilonia, Acad, Uruk y Calneh. Luego, en Asiria, construyó Nínive, Rehoboth Ir, Calah y Resen[10]. Varios eruditos creen que Nimrod era Sargón el Grande, y por lo tanto Sargón construyó Babilonia. Esto funcionaría cronológica y geográficamente. Un documento acadio enumeraba que Babilonia era una frontera de la tierra de Acad (que existía durante el Imperio acadio), y los registros indicaban que el bisnieto de Sargón construyó templos allí.

---

[9] Menko Vlaardingerbroek, "The Founding of Nineveh and Babylon in Greek Historiography". *Iraq* 66 (2004): 235. https://doi.org/10.2307/4200577.
[10] *Génesis 10:10-12*, Tanaj: Torá, Libro de Bereishit.

Esta figura de un adorador amorreo procede de Mari, en Siria, hacia el año 2500 a. C.

Dosseman, CC BY-SA 4.0 https://creativecommons.org/licenses/by-sa/4.0/ vía Wikimedia Commons; https://commons.wikimedia.org/wiki/File:Damascus_National_Museum_worshipper_from_Amorite_city_of_Mari_5327.jpg

Mientras el Imperio acadio agonizaba, los pastores amorreos que hablaban un dialecto semítico del noroeste llegaron al centro y sur de Mesopotamia desde Siria, desesperados por conseguir pastos para sus rebaños. Los sumerios construyeron rápidamente una muralla de 110 millas para mantenerlos alejados del sur, pero los amorreos se asentaron a lo largo del delta del río Éufrates e hicieron de Babilonia su hogar hacia 1984 a. C. Estos amorreos adoraban a un dios de las montañas llamado Amurru o Belu Sadi. Los sumerios describieron a los amorreos como «el poderoso viento del sur que desde el remoto pasado no ha conocido ciudades»[11].

---

[11] *Year Names of Ibbi-Suen*, CDLI Wiki, University of Oxford. https://cdli.ox.ac.uk/wiki/doku.php?id=year_names_ibbi-suen

Un antiguo poema sumerio llamado el *Matrimonio de Martu* cuenta la historia de un joven amorreo que se instaló en una ciudad llamada Inab y la discriminación que sufrió[12]. Martu vivía en la ciudad, pero se quejaba a sus padres de las raciones del templo. Los hombres solteros solo tenían que dedicar una ración al templo, los casados daban una ración doble y los hombres con hijos daban una ración triple. Sin embargo, Martu tenía que aportar una ración triple, a pesar de no tener esposa ni hijos.

Martu decidió que, si tenía que pagar el impuesto del templo de un hombre casado y con hijos, también podía estar casado. Fue a casa de su madre y le pidió que le buscara una esposa. Su madre le dijo que tenía que elegir una esposa por sí mismo, pero lo animó a casarse porque su mujer podría ayudarla con todas las tareas de la casa. En ese momento, Inab celebraba un festival, y Martu y sus jóvenes amigos solteros fueron a disfrutar de la diversión.

El dios Numucda participó en el festival y trajo a su bella esposa Namrat y a su querida hija Adjar-kidug. Mientras retumbaban los tambores de bronce, los fuertes campeones competían en combates de lucha, y la ciudad se llenaba de curiosos. Martu compitió en el combate de lucha, y la gente de la ciudad no dejaba de buscar luchadores fuertes que lo desafiaran, pero todos los hombres más musculosos cayeron ante Martu. Lleno de temor, Numucda ofreció a Martu una recompensa de plata, pero Martu la rechazó. Le ofreció joyas, pero Martu no las aceptó. «Prefiero casarme con tu hija Adjar-kidug».

Numucda le dijo a Martu que tenía que traer vacas lecheras con sus terneros y ovejas con sus corderos como precio de la novia, y entonces Numucda le daría a Martu su hija. Pero Martu se excedió en la petición de Numucda. Trajo anillos de oro para el cuello de los ancianos de Inab y chales de oro para las ancianas. Incluso trajo regalos para los esclavos. Mientras se negociaba el matrimonio, la amiga de Adjar-kidug se enfrentó a ella. ¿Realmente quería casarse con este joven tan poco agraciado? Le contó todo lo malo que tenían los hombres amorreos:

---

[12] *Matrimonio de Martu* (The Electronic Text Corpus of Sumerian Literature, Oxford: Universidad de Oxford). https://etcsl.orinst.ox.ac.uk/section1/tr171.htm

«Sus manos son destructivas y tienen rasgos de mono. Come alimentos prohibidos por Nanna y no muestra ninguna reverencia. Estos amorreos siempre están vagando; tienen ideas confusas y solo crean disturbios. Se viste de cuero y vive en una tienda de campaña, expuesto al viento y a la lluvia. No sabe recitar oraciones ni doblar la rodilla. No tiene casa y come carne cruda. Amiga mía, ¿por qué quieres casarte con Martu?».

Pero la princesa se mantuvo firme: «¡Me casaré con Martu!».

Ibbi-Sin, el último rey de la Tercera Dinastía de Ur, es recibido por una diosa
Metropolitan Museum of Art, CC0, vía Wikimedia Commons;
https://commons.wikimedia.org/wiki/File:Ibbi-Sin_enthroned.jpg

Mientras los amorreos se infiltraban en Mesopotamia y se imponían, la Tercera Dinastía de Ur comenzaba a desmoronarse en el sur. Cuando la Tercera Dinastía de Ur estaba en el poder, gobernadores nombrados por Ur gobernaban Babilonia, y la ciudad pagaba impuestos a Ur. Ibbi-Sin fue el último rey de la Tercera Dinastía de Ur, y durante su reinado, las ciudades sumerias bajo su control desaparecieron, dejando solo a Ur. Entonces los elamitas atacaron, navegando por el extremo oriental de la muralla amorrea. Capturaron a Ibbi-Sin, lo llevaron con grilletes a Elam y gobernaron Ur durante veintiún años.

En un giro irónico, los rescatadores de Ur resultaron ser los mismos pueblos para los que habían construido una muralla de 110 millas. El rey amorreo de la dinastía de Isin, Ishbi-Erra, procedente de Mari, en Siria, expulsó a los elamitas y reconstruyó Ur. Su hijo y sucesor, Shu-Ilishu, recuperó de Elam la imagen robada del dios de la luna Nanna y la instaló en su templo de Ur. Shu-Ilishu adoptó rápidamente la cultura sumeria y sus dioses e incluso luchó contra los inmigrantes amorreos más recientes. Se llamó a sí mismo «rey de Ur», «rey de Sumer y Acad» y «amado de los dioses Anu, Enlil y Nanna».

La poderosa dinastía Amorrea-Isin gobernó parte de Sumer durante varias generaciones, mientras llegaban más inmigrantes amorreos en busca de pastos para sus rebaños. Se extendieron por toda Sumer, manteniendo un estilo de vida seminómada de pastoreo al principio, pero que gradualmente se volvió más sedentario. El quinto rey de Isin, Lipit-Ishtar, escribió un código legal más de un siglo antes que el famoso *Código de Hammurabi*.

¡Pero la desgracia nos encontrará, aunque intentemos escondernos! Eso es lo que descubrió un rey de Isin, demasiado tarde, cuando los astrólogos de Isin predijeron un eclipse, que pensaron que era un presagio de que el rey moriría. El rey Erra-Immiti puso a su jardinero Enlil-bani en su trono y le colocó la tiara en la cabeza, con la esperanza de que la maldición cayera sobre el jardinero. Sin embargo, el presagio encontró al verdadero rey mientras se escondía en un rincón del palacio comiendo gachas, y murió. El jardinero conservó el trono y la corona y gobernó durante veinticuatro años, iniciando una nueva dinastía. Enlil-bani, el rey jardinero, escribió que eliminó el pesado yugo del pueblo, redujo el impuesto sobre la cebada y evitó que el ganado del palacio corriera por los campos cultivados del pueblo.

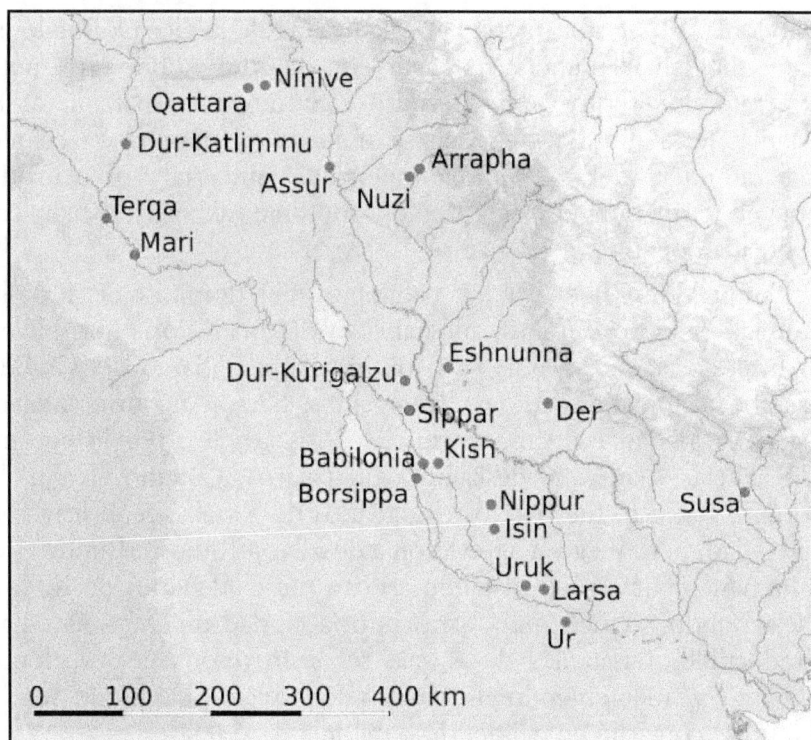

Este mapa muestra las ciudades importantes de Mesopotamia durante los primeros años
de Babilonia

En la época en que el rey jardinero gobernaba Isin, la ciudad de
Babil, llamada Babil por los sumerios y Bab-ilim en acadio, estaba
cobrando importancia. En 1897 a. C., muchos de los amorreos se
pusieron bajo el mando de un dinámico líder tribal llamado Sumu-
Abum (Su-abu), considerado el primer rey de la Primera Dinastía
de Babilonia. Sumu-Abum conquistó Kish, Dilbat y Elip, inició la
construcción de una muralla alrededor de Babilonia y erigió
templos. También construyó murallas para sus nuevas ciudades de
Kish y Dilbat. Sumu-Abum adoraba a un dios local llamado
Marduk o Amar, el dios de las tormentas eléctricas que se
convertiría en el dios de la dominación, el poder, el sexo y la
guerra. Marduk sustituyó al dios sumerio Enlil como principal
deidad amorrea.

Una intrigante carta escrita a Sumu-Abum hace referencia a un
viaje de Ishtar (Annunitum) para visitar el templo de Marduk en

Babilonia. El escritor quería llevar la estatua de la diosa a Babilonia para que Ishtar pudiera consultar con Marduk sobre un asunto concreto. El escritor pidió permiso a Sumu-Abum para llevar la estatua de la diosa y dijo que se pondría en marcha en cuanto tuviera noticias del rey. También mencionó que estaba preocupado por el temperamento de la diosa durante el viaje (Ishtar era conocida por su temperamento)[13].

Sumu-Abum liberó a los babilonios del dominio de Kazallu (Kasala) en el río Éufrates, que había vivido una historia horrible en el Imperio acadio. Kasala se había rebelado, y Sargón el Grande marchó al encuentro de los insurgentes. Sargón no tuvo piedad, arrasó la ciudad e incluso cortó todos los árboles, por lo que no había lugar «para que descansara un pájaro». Cuando el hijo de Sargón, Rimush, fue rey, los ciudadanos de Kasala reconstruyeron su ciudad, pero luego se atrevieron a desafiar a Rimush. Rimush fue inhumanamente cruel, matando a doce mil ciudadanos de Kasala, esclavizando a cinco mil y arrasando la ciudad una vez más. Los irreductibles habitantes de Kasala reconstruyeron su ciudad por tercera vez, manteniendo el dominio de la región hasta que Sumu-Abum se convirtió en el líder de Babilonia.

La conquista de Kasala por Sumu-Abum parece ser un esfuerzo conjunto de Babilonia e Isin, ya que los registros de Erra-Immiti, el malogrado rey de Isin que murió comiendo gachas, dicen que conquistó Kasala aproximadamente al mismo tiempo. Sumu-Abum dominó triunfalmente Kasala, pero la ciudad de Kish, que había conquistado, se rebeló y su líder Manana obligó a Sumu-Abum a exiliarse.

---

[13] Rients de Boer, "Beginnings of Old Babylonian Babylon: Sumu-Abum and Sumu-La-El", *Free University of Amsterdam,* American Schools of Oriental Research, 62. https://www.jstor.org/journal/jcunestud.

Este busto es probablemente de un rey amorreo anterior a Hammurabi
Serge Ottaviani, CC BY-SA 3.0 https://creativecommons.org/licenses/by-sa/3.0/ *vía Wikimedia Commons;* https://commons.wikimedia.org/wiki/File:Royal_portrait_-_Hamurabi_-_King_of_Babylon_-1900_before_JC_-.JPG

El vigoroso sucesor de Sumu-Abum, Sumu-la-El, gobernó desde 1880 hasta 1845 a. C. Había servido como lugarteniente de Sumu-Abum y probablemente era su hijo. Saqueó Kish y Kasala (de nuevo) y puso bajo su mando a otros jefes amorreos. Construyó fortalezas defensivas alrededor de la región de Babilonia, completó la gran muralla alrededor de Babilonia que su padre había comenzado, y obtuvo el control temporal de Nippur. Excavó un canal de riego llamado Utu-hegal y construyó o profundizó otros canales. Erigió un templo a Adad y un magnífico trono para Marduk recubierto de plata y oro.

Sumu-la-El tuvo un aliado resistente en Uruk, cuyos reyes tenían nombres amorreos en esta época. Una de sus hijas, Sallurtum, se casó con Sîn-kāšid de Uruk, «rey de los Amnānum» (una tribu amorrea)[14]. Sumu-la-El consolidó las ciudades del norte de Babilonia en un estado amorreo unificado que supuso un reto intimidatorio para reinos como Larsa o Eshnunna. Sustituyó a los reyes locales por líderes amorreos leales a él. Sumu-la-El dirigía la «Asamblea amorrea» de ancianos tribales leales a él, que lo consideraban su jefe.

El hijo de Sumu-la-El, Sabum, gobernó Babilonia durante al menos catorce años. Fue el primero en construir el templo Esagila a Marduk, que albergaba la estatua del dios rodeada de ídolos de las ciudades que habían caído en Babilonia. La Esagila, la «casa que levanta la cabeza», era el complejo de templos más importante de una ciudad considerada sagrada para todos los babilonios, incluso para toda Mesopotamia. Le sucedió Apil-Sin, que gobernó durante diecisiete años.

El industrioso Apil-Sin erigió una magnífica muralla nueva para Babilonia, reluciente con brillantes piedras de lapislázuli. Al igual que sus predecesores, cavó nuevos canales de riego y mejoró los que ya existían. Tras la gran sequía que destruyó el imperio acadio, los babilonios se dieron cuenta de la urgencia de contar con un excelente sistema de riego. Apil-Sin construyó un estupendo templo a Inanna (Ishtar) en Babilonia y construyó o restauró otros templos en la ciudad.

El agresivo hijo de Apil-sin, Sin-muballit, fue rey durante diecinueve años, contendiendo triunfalmente contra Larsa y tomando cautiva la ciudad de Isin. Extendió implacablemente las fronteras de Babilonia venciendo (o manteniendo) Borsippa, Dilbat, Kasala, Kish y Sippar. Creció en poder, construyendo los pueblos y ciudades del centro-sur de Mesopotamia, que habían quedado bajo el dominio de Babilonia; sin embargo, cayó enfermo y abdicó su trono en su famoso hijo Hammurabi.

La mayoría de los reyes nunca ven los logros de sus hijos, pero Sin-muballit vivió parte del reinado de su hijo. ¿Vivió para ver cómo Hammurabi unía casi toda Mesopotamia bajo su autoridad?

---

[14] de Boer, "Beginnings of Old Babylonian Babylon", 67-8.

¿Tenía alguna recomendación para el código legal de su hijo? ¿Pensó alguna vez que su hijo sería estimado como un gobernante modelo en toda la historia de Oriente Medio? Si vivió lo suficiente como para ver solo una fracción de los logros de su hijo, Sin-Muballit debió sentirse extraordinariamente orgulloso.

Capítulo 3: El auge de Babilonia

Venerado como un dios en vida, el excepcional conquistador y legislador Hammurabi elevó la modesta ciudad-estado de Babilonia a alturas asombrosas. Cuando subió al trono en 1792 a. C. (cronología media), Babilonia estaba rodeada por cuatro feroces reinos que amenazaban su propia existencia. El antiguo Elam, al este, un reino próspero y vigoroso de dos mil años de antigüedad situado en el actual Irán, había invadido el sur de Sumer. Asiria, al norte, estaba construyendo un inmenso imperio que abarcaba Siria, Líbano y Canaán y presionaba en el centro de Mesopotamia. La antigua ciudad-estado sumeria de Larsa protegía el delta del río en el sur, y la ciudad-estado sumeria-acadia de Eshnunna, en la frontera noroeste de Babilonia, controlaba la parte superior del río Tigris.

El padre de Hammurabi, Sin-Muballit, ya había comenzado a expandir Babilonia, poniendo a Kish, Sippar y Borsippa bajo jurisdicción babilónica. Hammurabi sería relativamente joven cuando subió al trono, quizás un adolescente, ya que gobernó durante cuarenta y tres años. Siguiendo los pasos de su ambicioso padre, Hammurabi avanzó y expandió Babilonia hasta convertirla en un próspero reino que engulló a los reinos competidores, transformando a Babilonia en el amo de Mesopotamia.

El extraordinario reinado de Hammurabi, sexto rey amorreo que gobernó Babilonia, la convirtió en uno de los reinos más dinámicos e influyentes de Oriente Medio. Su primer desafío surgió cuando los elamitas de los montes Zagros se adentraron en el centro de Mesopotamia, derrotando a Eshnunna, vecina de Babilonia, y envolviendo salvajemente otras ciudades bajo su dominio.

Esta estatuilla de un adorador amorreo de Amurru procede de Larsa
https://commons.wikimedia.org/wiki/File:Worshipper_Larsa_Louvre_AO15704.jpg

Los elamitas intentaron desestabilizar aún más la región instigando el conflicto entre Babilonia y Larsa. En cambio, Hammurabi se alió con Larsa y las dos ciudades se comprometieron a luchar juntas contra Elam. Sin embargo, cuando llegó el momento de entrar en guerra, los babilonios aportaron la mayor parte de los militares, pero el rey de Larsa no lo hizo. Aunque derrotó a los elamitas sin mucho apoyo de Larsa, a Hammurabi le molestó la reticencia de Larsa a luchar.

Una vez que expulsó a los elamitas de Mesopotamia, Hammurabi subyugó a Larsa embalsando el Éufrates y liberándolo repentinamente, cubriendo Larsa con una inundación épica. La victoria sobre Larsa le dio el dominio sobre Sumer, incluyendo Ur, Uruk, Isin y Eridu, mientras que ya tenía Kish, Sippar y otras ciudades sumerias como herencia de su padre. Su triunfo supuso el fin de la soberanía de los sumerios en el sur de Mesopotamia. Los reyes acadios habían diezmado la población sumeria, pero Sumer se había hecho fuerte en la Tercera Dinastía de Ur. Pero ahora, la invasión elamita y la toma de posesión amorrea pusieron de rodillas a esta revolucionaria civilización. Su lengua hablada se extinguió, excepto en contextos religiosos, ceremoniales y científicos.

Hammurabi había unido fuerzas con sus parientes amorreos ancestrales en Siria, las dinastías Mari y Yamhad; juntos, aplastaron a Elam y anexionaron Sumer. Sin embargo, los Mari formaron a traición un ejército de coalición con Eshnunna contra Babilonia, intentando restringir el poder de esta en el norte. El intento fracasó: Eshnunna cayó ante las fuerzas de Hammurabi, y entonces el río Tigris se desbordó, cubriendo la ciudad.

Una vez dominada Eshnunna, Hammurabi se vengó de Mari. A pesar de que el pueblo era su antiguo pariente, no solo conquistó la ciudad, sino que la destruyó por completo. Normalmente perdonaba la mayoría de sus ciudades conquistadas e incluso las mejoraba una vez que tenía el control, pero arrasó Mari. Tal vez fuera la indignación por su traición, o que no quería que la lujosa Mari eclipsara a Babilonia.

A continuación, Hammurabi dirigió su atención hacia Asiria. Al igual que los acadios y los amorreos, los asirios de habla semítica fueron en su día pastores que vivían en tiendas en el norte de Mesopotamia, pero que acabaron convirtiéndose en habitantes de ciudades. Habían caído bajo el dominio acadio; cuando este imperio se desmoronó, el antiguo Imperio asirio independiente se alzó con el dominio del norte de Mesopotamia bajo el poderoso rey Puzur-Ashur I. El usurpador Shamshi-Adad expandió el territorio asirio hacia el norte de Mesopotamia y parte de la actual Turquía. Su hijo Ishme-Dagan entabló una prolongada guerra con Babilonia.

Aunque Asiria y Babilonia compitieron ferozmente por la ventaja, Hammurabi finalmente triunfó. Destronó a Ishme-Dagán y obligó a su sucesor Mut-Ashkur a reconocer el dominio de Babilonia; Hammurabi permitió a Mut-Ashkur gobernar Asiria como rey vasallo siempre que pagara fielmente el tributo a Babilonia. Hammurabi extendió su dominio hacia el norte hasta Anatolia (Turquía) y hacia el oeste hasta la mayor parte del Levante (Siria, Líbano y Canaán). A diferencia de los acadios, una vez que Hammurabi conquistó inicialmente toda Mesopotamia, mantuvo su control, sin que se produjeran levantamientos significativos durante su vida.

Una vez conquistada Mesopotamia e incluso parte de Anatolia y el Levante, Hammurabi se dirigió hacia el oeste. Los elamitas, lulubíes y guti de los montes Zagros de Irán habían sido amenazas persistentes para Mesopotamia durante más de un siglo, y ahora los casitas también se estaban convirtiendo en una potencia amenazante en el oeste. Hammurabi invadió Irán, sometiendo a todas las tribus problemáticas.

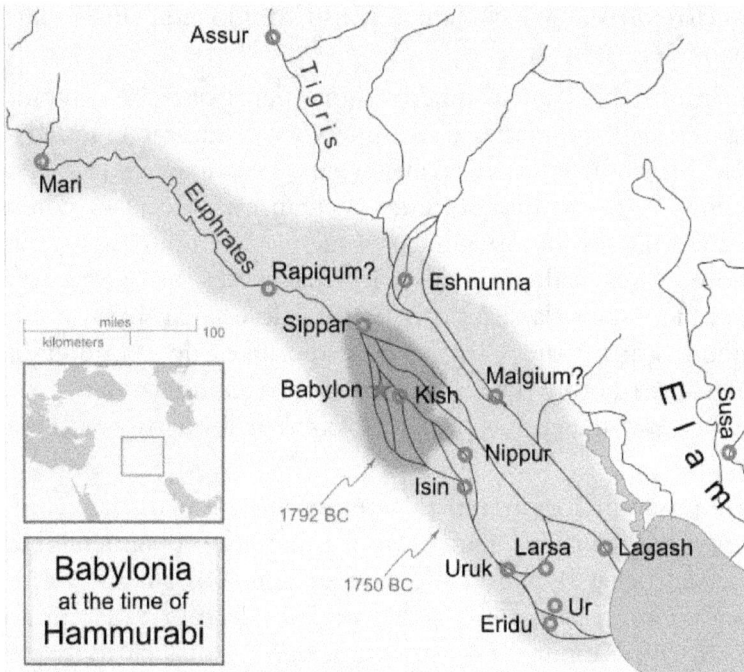

La estrella muestra la ubicación de Babilonia. El sombreado oscuro es donde estaba la región de Babilonia, y el sombreado claro es la extensión del Imperio babilónico bajo Hammurabi, que se extiende desde el golfo Pérsico hasta Siria

Aunque Hammurabi era un conquistador contundente, parecía realmente preocupado por el bienestar de los habitantes de su reino, con la notable excepción de Mari. Tuvo la suerte de comenzar su reinado en una época relativamente pacífica para poder centrarse en ambiciosos proyectos de construcción, transformando Babilonia en una ciudad deslumbrante con una burocracia bien ordenada y racionalizada, además de un gobierno central fuerte.

Elevó las murallas de la ciudad a alturas aún mayores, y amplió y embelleció los templos. Hammurabi era un líder muy implicado, que supervisaba personalmente la gestión de las inundaciones, cambiaba el problemático calendario e incluso supervisaba el cuidado de los enormes rebaños de la ciudad. Una vasta colección de sus cartas y cuentas administrativas han sobrevivido en tablillas de arcilla y retratan a un rey absorto en la construcción de canales, asegurando una eficiente distribución de alimentos, involucrado en proyectos de embellecimiento, construyendo edificios públicos y luchando en guerras.

Hammurabi era un microgestor, pero parecía centrado en satisfacer las necesidades de su pueblo y garantizar la justicia para todos. Su código de leyes ilustra su preocupación por la gente común y su deseo de que todos reciban un trato justo y decente. Los gobernantes mesopotámicos a menudo se referían a sí mismos como pastores, reflejando sus raíces pastorales y su deseo de velar por el bienestar y la seguridad de los que estaban bajo su control. Aunque varios códigos legales precedieron al de Hammurabi, sus leyes sobresalieron por estar escritas con tanta claridad y ser tan extensas: casi trescientas leyes que cubrían diversos aspectos de la vida.

Hammurabi formó repetidamente alianzas para luchar contra enemigos formidables, para luego romperlas abruptamente una vez pasado el peligro y volverse contra sus antiguos aliados. Se unió a Larsa contra Elam, pero una vez que derrotó a Elam, formó alianzas con Nippur y Lagash contra Larsa y más tarde traicionó a Nippur y Lagash. Se alió con sus parientes ancestrales, Mari y Yamhad, en Siria, y una vez que lo ayudaron, se volvió rápidamente contra ellos y los conquistó (aunque Mari lo apuñaló por la espalda primero). A los habitantes de estas ciudades-estado nunca se les ocurrió no confiar en Hammurabi. Irónicamente, el hombre conocido por defender la justicia con su código de leyes era injusto en el arte de la guerra.

De todos los reyes mesopotámicos del segundo milenio, Hammurabi destaca por ser honrado como una deidad incluso en vida. El título *Hammurabi-ili* significaba «Hammurabi es mi dios» y se utilizaba comúnmente para honrarlo. Sus súbditos lo recordaban por ser un conquistador victorioso, mantener la paz en su enorme reino y promover la justicia para todos los ciudadanos.

Esta imagen del dios Marduk procede de un antiguo sello cilíndrico
https://commons.wikimedia.org/wiki/File:Marduk_and_pet.jpg

Hammurabi promovió el culto al dios de la ciudad de Babilonia, Marduk, a una escala mucho mayor, situándolo a la cabeza del panteón mesopotámico de dioses. Entre sus incentivos para conquistar vastos territorios estaba la difusión del culto a Marduk; consideraba que sus campañas contra otras ciudades-estado eran una guerra santa: difundir el conocimiento de Marduk, someter el mal y llevar la civilización a todos los pueblos. Una estela de victoria que Hammurabi instaló en Ur declaraba:

«A los pueblos de Elam, Gutium, Subartu y Tukrish, cuyas montañas son lejanas y cuyas lenguas son oscuras, los puse en manos de Marduk. Yo mismo seguí enderezando sus mentes confusas»[15].

Al igual que su padre, Hammurabi cayó enfermo y no pudo continuar con todas las minucias de gobernar un imperio. Sin embargo, dado que reinó durante cuarenta y dos años, debía tener entre sesenta y setenta años. Delegó cada vez más los asuntos administrativos en su hijo Samsu-iluna, y en el último año de su vida, su hijo era el rey de facto. En menos de un año después de la muerte de Hammurabi, en 1750 a. C., el gran imperio que había construido comenzó a desmoronarse.

El hijo de Hammurabi, Samsu-iluna, gobernó durante treinta y ocho años, pero su reinado estuvo marcado por la pérdida de control sobre Asiria y Elam y las rebeliones en otros territorios previamente conquistados. A los nueve años de su reinado, Larsa dirigió un levantamiento masivo de veintiséis ciudades, entre ellas Eshnunna, Isin, Ur y Uruk. Samsu-iluna experimentó un éxito inmediato contra las fuerzas de la coalición cuando dirigió una campaña demoledora contra Eshnunna y ejecutó a su rey Iluni. Samsu-iluna luchó enérgicamente contra el resto de los rebeldes durante cuatro años, conquistando Ur, Uruk, Isin y finalmente Larsa en rápida sucesión, derribando las murallas defensivas y saqueando las ciudades. Sus triunfos pusieron fin temporalmente a la rebelión sumeria.

Sin embargo, el extremo sur de Sumer no estaba dispuesto a ceder. La provincia de Sealand se encontraba en las marismas del extremo sur de Mesopotamia, donde el Tigris y el Éufrates habían

---

[15] Marc Van De Mieroop, *King Hammurabi of Babylon: A Biography* (Hoboken: Blackwell Publishing, 2005), 126-7.

vertido suficiente limo como para que la costa se extendiera hasta el golfo pérsico kilómetros más allá de su litoral original. Los habitantes de lengua acadia de Sealand, liderados por Ilum-ma-ili, que afirmaba descender del último rey de Isin, fueron los siguientes en liberarse del antiguo Imperio babilónico, formando la Primera Dinastía de Sealand. Samsu-iluna luchó sin éxito contra los rebeldes, que mantuvieron el dominio de Sumer durante tres siglos.

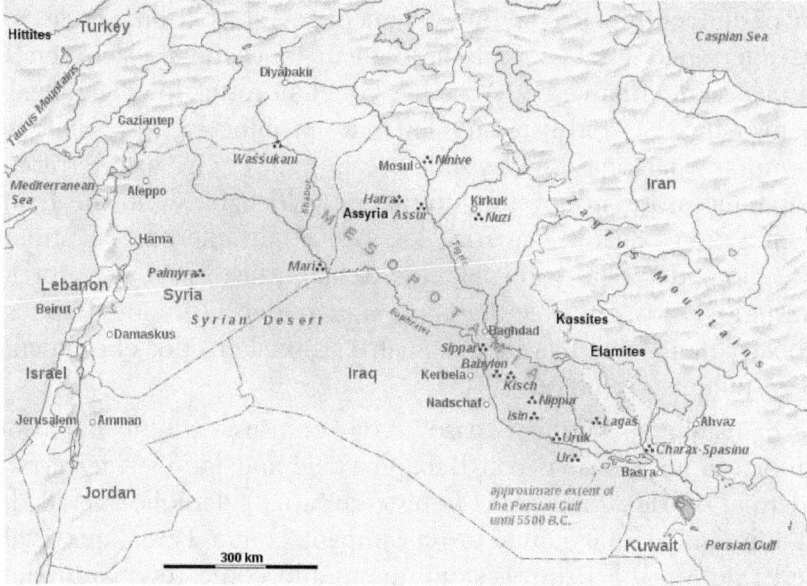

Este mapa muestra algunos de los reinos rivales de Babilonia: los hititas, los casitas, los elamitas y los asirios. Mapa modificado: se han añadido los nombres de los reinos rivales
https://commons.wikimedia.org/wiki/File:N-Mesopotamia_and_Syria_english.svg

A los veinte años del reinado de Samsu-iluna, Eshnunna se rebeló de nuevo, pero el rey triunfó una vez más. Sin embargo, Elam y Asiria se aprovecharon del caos en Sumer. Samsu-iluna había derribado las murallas de Uruk, dejando la ciudad indefensa. El rey elamita Kuturnahunte I saqueó Uruk, robando valiosos artefactos, entre ellos el ídolo de Inanna; pasarían más de mil años antes de que la estatua fuera devuelta.

A continuación, el virrey de Asiria, Puzar-Sin, dio un golpe de estado en Asiria, desterrando a su rey amorreo Asinum, un rey vasallo de Babilonia. En el caos, el asirio Ashur-dugal robó el trono de Asiria, pero esto condujo a una revolución de los asirios contra el usurpador, que era un «hijo de un don nadie, que no tenía ningún título para el trono»[16], según la *Lista Real Asiria*. Durante su breve reinado de seis años, también reinaron otros seis «hijos de don nadie», fragmentando aparentemente Asiria en seis regiones dirigidas por usurpadores. Nadie en Asiria pagaba el tributo requerido a Babilonia a lo largo de los disturbios, y Samsu-iluna parecía no poder hacer nada.

Además de perder grandes sectores del imperio, Samsu-iluna tuvo que enfrentarse a nuevos enemigos. Las tribus suteas del Mediterráneo estaban realizando incursiones de esclavos en las ciudades de Idamara y Arrapha, en el noreste, lo que obligó a Samsu-iluna a aprobar una ley que prohibía a los babilonios comprar personas esclavizadas capturadas en los territorios babilónicos. En su noveno año, mientras luchaba simultáneamente contra la coalición sumeria, los casitas invadieron: la primera mención de esta tribu en los relatos históricos. De origen misterioso, los casitas se harían con el poder 170 años después y gobernarían Babilonia durante cuatro siglos. Pero por el momento, Samsu-iluna logró repelerlos.

Samsu-iluna también pasó a la ofensiva contra las tribus amorreas no alineadas con Babilonia y se anexionó sus territorios. Mató al rey de Apum, en el noreste de Siria, y demolió la ciudad, y al año siguiente hizo una exitosa campaña contra Terqa, que estaba cerca de Mari. En su trigésimo quinto año como rey, Samsu-iluna se puso a la defensiva cuando expulsó con éxito a un ejército de coalición de amorreos que invadía desde Siria.

Al final del reinado de Samsu-iluna, Babilonia se había reducido a casi lo que era antes de que Hammurabi se convirtiera en rey. No obstante, conservó el control del comercio vital del río Éufrates hasta el noroeste de Mari. Otra cosa que conservó Babilonia fue su estatus sagrado. Hammurabi había nombrado a Babilonia «ciudad sagrada», convirtiéndola en la ciudad sagrada de Mesopotamia en lugar de Nippur. A pesar de toda la pérdida de tierras, Babilonia mantuvo su reputación de destino sagrado.

Además de defender a Babilonia contra las revoluciones internas y las invasiones externas, Samsu-iluna instituyó el calendario babilónico basado en un calendario sumerio anterior de la Tercera

---

[16] *Lista Real Asiria*, Livius. https://www.livius.org/sources/content/anet/564-566-the-assyrian-king-list

Dinastía de Ur. El calendario tenía doce meses lunares, más un mes extra que se introducía cuando era necesario. Cada siete días era un «día sagrado», durante el cual los ciudadanos debían abstenerse de ciertas actividades.

El hijo de Samsu-iluna, Abi-Eshuh, gobernó después Babilonia durante veintiocho años. Repelió con éxito una segunda invasión casita en su cuarto año como rey, intentó sin éxito capturar al gobernante de Sealand mediante la construcción de una presa en el río Tigris, y fracasó en su intento de repeler las invasiones elamitas en Babilonia bajo el rey Kutir-nahhunte I. En sus incursiones en treinta ciudades babilónicas, los elamitas robaron la enorme piedra de diorita en la que estaba tallado el código de leyes de Hammurabi. La llevaron a Susa, donde permaneció durante más de tres mil años hasta que fue descubierta en unas excavaciones arqueológicas en 1901.

El hijo de Abi-Eshuh, Ammi-Ditana, y su nieto, Ammisaduqa, fueron los dos siguientes reyes babilónicos, bendecidos con reinados largos y pacíficos, sin que se registraran guerras ni invasiones. Los eruditos babilónicos compilaron la *tabilla de Venus de Ammisaduqa* durante el reinado de este: registros cuidadosos de las salidas y puestas del planeta Venus, con otras observaciones astronómicas como los eclipses.

El rey Samsu-Ditana reinó entonces como último rey amorreo de Babilonia. Los hititas acabaron con sus esperanzas de disfrutar de los pacíficos reinados de su padre y su abuelo; sin embargo, sus propias acciones contribuyeron a la caída de Babilonia. En lugar de mantener un importante ejército permanente, había permitido que los hombres sanos hicieran pagos por no servir en el ejército.

El reino hitita de Hatti se encontraba en el extremo noroeste, entre el Mediterráneo y el mar Negro. Dirigidos por el rey Mursili I, los hititas invadieron primero Alepo (en Siria) y trajeron cautivos. A continuación, el rey Mursili se adentró en el corazón de Mesopotamia, saqueando Babilonia y llevándose a los cautivos y el botín, pero dejando la destrozada ciudad abandonada. Los babilonios anotaban y registraban cuidadosamente los presagios, como los eclipses lunares y solares, que creían que predecían la muerte de un rey. En este caso, su superstición resultó ser correcta. Los eclipses gemelos, primero uno lunar y luego uno solar, se produjeron con dos semanas de diferencia, justo antes del ataque de los hititas[17].

¿Por qué los hititas invadieron desde tan lejos y luego se fueron? Una de las teorías es que una enorme erupción volcánica en la isla de Thera alteró los patrones climáticos y las cosechas de trigo en la patria hitita. Los hititas podrían haber incursionado en una tierra lejana en busca de trigo[18].

Quizá lo más devastador para lo que quedaba de la civilización babilónica fue que los hititas robaron la imagen del dios Marduk. Marduk era el dios patrón de Babilonia, pero Hammurabi también lo había promovido como el nuevo líder del panteón mesopotámico. La gente peregrinaba a Babilonia desde toda Mesopotamia solo para adorar a Marduk en la ciudad sagrada y buscar presagios de él. Los antiguos mesopotámicos creían que el dios habitaba en su imagen. ¿Cómo podría Babilonia esperar revivir sin Marduk? Lo que nadie sabía entonces era que este era solo uno de los muchos viajes que Marduk haría mientras su imagen era robada, devuelta y robada de nuevo. Incluso se escribió un poema épico sobre las andanzas de Marduk desde su propia perspectiva.

La invasión hitita dejó la ciudad prácticamente deshabitada, poniendo fin al reinado político amorreo en Mesopotamia para siempre. También supuso el fin de los amorreos en Mesopotamia como grupo étnico distinto, y en cuatrocientos años, los amorreos desaparecieron por completo de la historia. Sin embargo, la influencia de Hammurabi perduró a través de su ejemplo como líder y de su código de leyes, que adoptó la dinastía casita que lo sucedió, y que influyó en otras leyes de Oriente Medio.

En un himno aparentemente escrito por Hammurabi, este se ensalza a sí mismo:

«Yo soy el rey, la férula que agarra a los malhechores, que hace que la gente tenga un solo pensamiento,

Yo soy el gran dragón entre los reyes que desbarata sus consejos,

---

[17] Peter J. Huber, *Astronomical Dating of Babylon I and Ur III.* (Cambridge: Harvard University, 1982).
[18] William J. Broad, "It Swallowed a Civilization", *New York Times,* October 21, 2003. https://www.nytimes.com/2003/10/21/science/it-swallowed-a-civilization.html

Soy la red que se tiende sobre el enemigo,

Yo soy el inspirador del miedo, que al levantar sus fieros ojos da la sentencia de muerte a los desobedientes,

Yo soy la gran red que cubre las malas intenciones,

Yo soy el joven león, que rompe redes y cetros,

Soy la red de batalla que atrapa al que me ofende.

Yo soy Hammurabi, el rey de la justicia»[19].

[19] Van De Mieroop, *King Hammurabi of Babylon,* 127.

Capítulo 4: La dinastía casita

«¡Caída, caída está Babilonia! Todas las imágenes de sus dioses yacen destrozadas en el suelo»[20].

Durante veinticinco años, Babilonia fue una ciudad fantasma. Los hititas habían arrastrado los almacenes de grano, los tesoros del templo y miles de cautivos. Habían arrasado casi todos los edificios, y la mayoría de los sobrevivientes huyeron. Tal vez algunos se rezagaron desde donde se habían escondido y se acurrucaron en las pocas estructuras que quedaban. Posiblemente recogieron una pequeña cosecha de los restos que quedaban en los campos y reunieron algunas de las cabras y ovejas perdidas. Tal vez pudieron plantar algunos campos y vivir de las ganancias.

Y entonces, después de veinticinco años, los casitas marcharon a la ciudad y se instalaron en la ciudad abandonada. Dos veces habían intentado tomar posesión de Babilonia: durante los reinados del hijo de Hammurabi, Samsu-iluna, y del nieto Abi-Eshuh. En ambas ocasiones, los babilonios habían rechazado a los casitas. Pero ahora, Babilonia no tenía rey y solo una minúscula población que luchaba por sobrevivir.

---

[20] *Isaías 21:1*, Tanaj: Navi: El Libro de Yeshayahu.

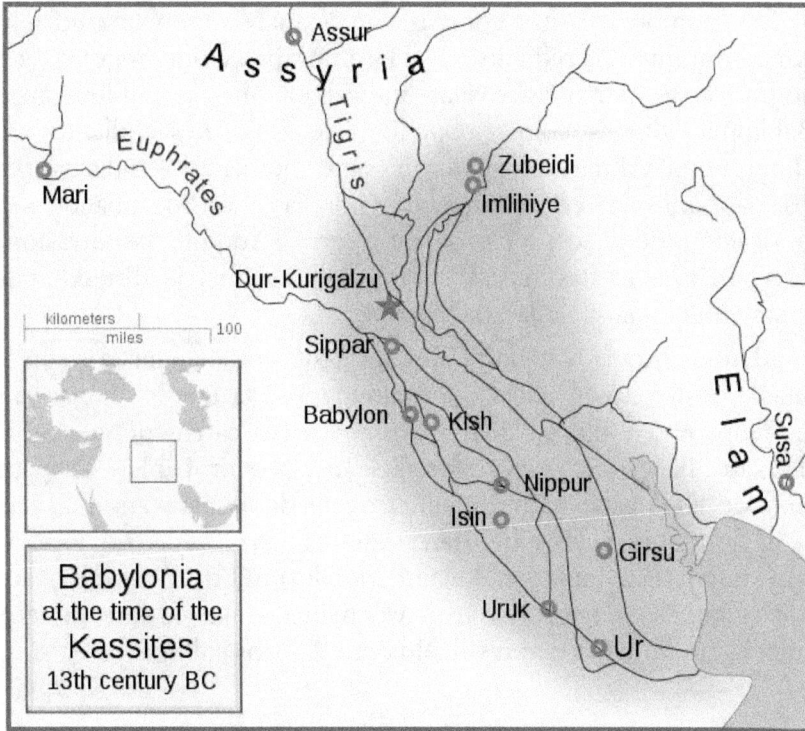

El territorio de Babilonia durante el dominio casita se extendía desde el golfo pérsico hasta la frontera con Asiria

MapMaster, CC BY-SA 4.0 https://creativecommons.org/licenses/by-sa/4.0/ vía Wikimedia Commons; https://commons.wikimedia.org/wiki/File:Kassite_Babylonia_EN.svg

¿Quiénes eran los kasitas y de dónde procedían? Es posible que procedieran de los montes Zagros de Irán, pero incluso eso es incierto, ya que se sabe hacia dónde huyeron cuando fueron expulsados de Babilonia siglos después. Hablaban una lengua no semítica aislada, sin relación con las lenguas de los elamitas, los guti u otros pueblos iraníes. No se los menciona en ninguna historia de Oriente Medio antes de sus fallidos ataques a Babilonia.

Si eran de los montes Zagros, debieron vivir allí solo durante dos o tres siglos. Nunca se los mencionó durante las numerosas campañas militares que el Imperio acadio llevó a cabo en la región. Es posible que tuvieran una herencia indoeuropea o que vivieran cerca de los indoeuropeos, ya que sus dioses eran similares al panteón védico (los ancestros de los dioses hindúes y los semidioses zoroastrianos).

Los nombres casitas comenzaron a aparecer en la ciudad de Larsa durante el reinado de Hammurabi, y los registros con nombres de personas casitas indicaban que se infiltraron en Babilonia durante los reinados de los descendientes de Hammurabi. Al parecer, sirvieron como mercenarios militares para los babilonios y eran conocidos por la cría de caballos y la fabricación de veloces carros de guerra. Aunque las invasiones directas de los casitas fracasaron, los casitas se fueron abriendo paso lentamente en la sociedad babilónica.

Algunos expertos sugieren que los casitas estaban aliados con los hititas, posiblemente incluso emparentados, ya que los hititas eran indoeuropeos y utilizaban caballos y veloces carros de guerra. La geografía hace que ambas teorías sean poco probables. La patria hitita de Hatti estaba a mil kilómetros de Babilonia y aún más lejos de los montes Zagros de Irán. Además, los casitas no tomaron posesión de Babilonia inmediatamente después de que los hititas se marcharan, sino que esperaron veinticinco años, lo que pone en duda la credibilidad de un vínculo entre las dos culturas.

Esta impresión de sello cilíndrico kasita muestra un adorador masculino, un perro y una oración en escritura cuneiforme
Museo Metropolitano de Arte, CC0, vía Wikimedia Commons;
https://commons.wikimedia.org/wiki/File:Cylinder_seal_and_modern_impression-_male_worshiper,_dog_surmounted_by_a_standard_MET_ss1985_357_44.jpg

Sea cual sea su origen, los casitas tomaron posesión de Babilonia y la mantuvieron durante cuatrocientos años. Curiosamente, su primer rey, Agum Kakrîme (Agum II), marchó mil millas al noroeste del reino hitita, aplastó a los hititas y robó la estatua de Marduk. Devolvió a Marduk a Babilonia, reconstruyó el templo de Esagila (Esangil), lo purificó con un encantador de serpientes, construyó demonios protectores para custodiar la puerta e instaló la imagen de Marduk en el lugar que le correspondía. Un escriba documentó todo esto en lo que se conoce como la *Inscripción de Agum Kakrîme.*

Algunos investigadores cuestionan la autenticidad de la *Inscripción de Agum Kakrîme.* Las dos copias existentes, desenterradas en Nínive, fueron escritas después de la época casita, pero se basan en una inscripción original. Las copias fueron escritas en acadio (la lengua escrita de los amorreos babilónicos y los casitas) con la escritura cuneiforme neoasiria (utilizada después del 900 a. C.), pero siguiendo un estilo más antiguo. El punto principal de la inscripción es la legitimidad de Agum para gobernar Babilonia y cómo era el tierno y atento pastor de todo el pueblo babilónico, independientemente de su etnia. También afirma su dominio sobre los almanes, los guti y los padanos: todas las tribus de los montes Zagros, lo que ayuda a respaldar a esa región como territorio natal de los casitas.

Si la inscripción es auténtica, dice mucho sobre el carácter de Agum y los casitas. Viajar dos mil millas de ida y vuelta para recuperar el dios de la civilización anterior y devolverlo a su templo restaurado refleja el profundo respeto de los casitas por los amorreos-babilonios vencidos. También pone fin a la especulación de que los hititas y los casitas estaban aliados.

Rescatar a Marduk puede haber sido una forma de que Agum afirmara su legitimidad. Babilonia era una ciudad sagrada, y los amorreos habían defendido a Marduk como el nuevo dios principal del panteón de Mesopotamia. Agum mostró respeto por los templos e imágenes sagradas. Marduk había sustituido a Enlil como dios «hacedor de reyes», por lo que traer a Marduk «a casa» ganaría el favor de Marduk y sus seguidores. Además de reconstruir Babilonia, Agum también reconstruyó Nippur, la ciudad más sagrada de los sumerios de la antigüedad, y reprodujo todos los templos de Nippur que habían caído en la ruina. Agum y el resto de los reyes casitas adoraban al dios amorreo Marduk, a los dioses sumerios como Enlil, y a sus propias deidades principales, Šuqamuna y su esposa, Šumaliya.

La «Edad Oscura» de Mesopotamia tuvo lugar en el periodo intermedio tras la caída de Babilonia en manos de los hititas. Esta época marcó un retroceso político y cultural, con cambios drásticos en la sociedad y el modo de vida mesopotámico. Antes del 1400 a. C. aproximadamente, tenemos poca documentación sobre lo que ocurrió en los primeros días de la dominación casita en Babilonia, incluyendo ninguna documentación en la lengua casita y casi nada en cualquier otra lengua.

¿Sabían leer y escribir los casitas cuando tomaron posesión de Babilonia? Dado que no se han encontrado inscripciones ni tablillas cuneiformes en lengua casita, es de suponer que no tenían una lengua escrita propia. Adoptaron el dialecto babilónico-acadio para los documentos legales y utilizaron la prácticamente extinta lengua sumeria para algunos monumentos. Esto puede haber sido una forma de honrar a las civilizaciones precedentes, como los casitas parecían decididos a hacer, tal vez como una forma de preservar su legitimidad. Algunos casitas vivieron en Babilonia y Sumeria antes de llegar al poder; es posible que ya utilizaran las lenguas escritas babilónica y sumeria.

La falta de documentación de esta época puede deberse a la pérdida de alfabetización de las clases dirigentes. También puede estar relacionada con la destrucción de documentos, ya sea por las invasiones de reyes rivales o por las condiciones ambientales. La capa freática subterránea de Babilonia está bastante cerca de la superficie. Mientras que las tablillas cuneiformes y otros artefactos de Mesopotamia aguantaron bien en otros lugares con condiciones desérticas, se desintegraron en los niveles inferiores de las ruinas de Babilonia, ayudados por varias inundaciones importantes de Babilonia a lo largo de los milenios. Incluso si todavía sobreviven en las profundidades acuáticas bajo Babilonia, llegar a ellas es un reto.

Los datos que tenemos sobre la primera época casita en Babilonia proceden de varias fuentes contemporáneas, entre ellas la *Lista Real Asiria*, que tiene algunas anotaciones de interacciones con la Babilonia gobernada por los casitas. Otro documento asirio contemporáneo es la *Historia Sincronística (ABC)*, que registra dos tratados entre los reyes asirios y casitas. Las *Crónicas de los primeros reyes* se escribieron más tarde, en la época neobabilónica, pero proporcionan información sobre los reyes casitas. Sin embargo, cuanto más se retrocede en el tiempo en este documento, más dudosa es la información.

Solo se han desenterrado tres artefactos importantes de la Edad Oscura del primer período casita en Babilonia. Se trata de una cabeza de maza y una rana de piedra, ambas con inscripciones a nombre de Ula-burarias, hijo del rey Burna-burarias de Sealand. La cabeza de maza se encontró en una casa más reciente del periodo parto en Babilonia, y la rana se encontró en la llanura de Ararat, en Armenia[21]. Aunque el rey Burna-burarias es llamado rey de Sealand en ambas inscripciones, también fue el segundo rey de Babilonia. Veinte tablillas excavadas en la isla de Bahrein, en el golfo Pérsico, nombran al rey Agum como el primer rey casita de Babilonia. Tuvo éxito donde los amorreos habían fracasado al conquistar la dinastía de Sealand y obtener también el control de Bahrein, que había estado bajo el dominio de Sealand.

Los primeros reyes casitas de Babilonia conquistaron Sumer en sus primeros sesenta y cinco años de gobierno. Sumer ya no era una red de ciudades-estado combativas, sino una gran provincia unificada. Los casitas comenzaron entonces a presionar hacia el norte, en lo que hoy es Bagdad. Su expansión hacia el norte los hizo entrar en conflicto con los asirios, por lo que el sucesor de Agum, Burna-burarias I, negoció un tratado con Asiria sobre la frontera entre Babilonia y Asiria.

---

[21] Frans van Koppen, "The Old to Middle Babylonian Transition: History and Chronology of the Mesopotamian Dark Age". *Ägypten Und Levante / Egypt and the Levant* 20 (2010): 455. http://www.jstor.org/stable/23789952.

El zigurat de Dur-Kurigalzu se erigió una vez en la capital casita

A medida que el reino casita de Babilonia crecía en territorio y en el control de las rentables rutas comerciales, su riqueza exponencial llevó al rey Kurigalzu I a construir una nueva y espléndida ciudad real de 560 acres, Dur-Kurigalzu, con relucientes palacios y templos. Las ruinas del zigurat de Dur-Kurigalzu aún se alzan sobre el desierto cerca de Bagdad. Babilonia se extendía ahora casi mil millas desde Bahrain (Dilmun) en el sur hasta la frontera con Asiria en el norte. Además, Babilonia disfrutaba de una estabilidad y una paz sin precedentes y prolongadas, con un comercio provechoso con vecinos como los asirios y los mitanios del norte de Mesopotamia y Elam al este.

Kurigalzu y sus descendientes también mantenían una correspondencia regular y comerciaban con reinos más lejanos como Egipto, Anatolia, el Imperio hitita, Grecia y Armenia. Las *Cartas de Amarna*, una colección de tablillas cuneiformes encontradas en Egipto, incluyen correspondencia entre los faraones egipcios y los reyes casitas, catorce cartas en las que se llamaban cariñosamente «hermano», intercambiaban regalos y concertaban matrimonios reales. La realeza casita se casó con las familias reales de Egipto, Elam, Asiria y Hatti (Turquía occidental). Estos otros poderosos reinos reconocían a Babilonia como un igual.

Los casitas fueron maestros de la asimilación, hasta el punto de que dejaron poco de su propia huella cultural. Siguieron cuidadosamente los usos y costumbres mesopotámicos, pero dejaron su sello único en las artes. Una de las innovaciones fue el ladrillo vidriado, que se convirtió en el sello distintivo de las obras de arte babilónicas en las murallas, las puertas, los palacios y los templos de la ciudad durante los periodos neobabilónico y aqueménida.

El amplio comercio y la amistad de Babilonia con tierras lejanas trajeron consigo el lapislázuli y otras piedras semipreciosas de colores brillantes. Los casitas utilizaron estas hermosas piedras en sus obras de arte con sellos cilíndricos, que presentaban figuras altas y delgadas, oraciones exquisitamente grabadas y tapones de oro en el extremo de los cilindros. Los casitas también dedicaron una cuidadosa atención a la restauración de los antiguos templos, siguiendo el modelo exacto de lo que había sido. Curiosamente, solían utilizar la lengua sumeria para las inscripciones de las piedras angulares y las estelas de la victoria, a pesar de que esta lengua apenas se había utilizado durante siglos. Se consideraban administradores de las pasadas civilizaciones sumeria, acadia y babilónica, y conservaban meticulosamente documentos, literatura y artefactos religiosos antiguos.

Un tipo de monumento que los casitas innovaron fue el *kudurrus*: piedras pulidas que adornaban el interior de los templos con inscripciones de transacciones inmobiliarias fundamentales. Decoraron las piedras kudurrus con deidades mesopotámicas y casitas. Los kudurrus fueron un legado casita que perduró mucho después de que terminara su reinado en Babilonia.

En esta kudurra casita, el rey Meli-Shipak II presenta a su hija a la deidad Ḫunnubat-Nanaya

El asesinato y el caos asolaron el palacio casita en 1333 a. C. Poco después de que Kara-hardas ascendiera al trono de Babilonia, un golpe de estado militar derrocó su gobierno. Los rebeldes mataron al joven rey e instalaron en el trono al usurpador Nazi-Bugash. El asesinato enfureció al rey asirio Assur-uballit. Su hija Muballitat-Serua estaba casada con el anterior rey casita, y los renegados habían matado a su nieto, Kara-hardas.

Un vengativo Asur-uballit hizo marchar a su ejército asirio hacia el sur, invadió Babilonia, ejecutó al usurpador e instaló a Kurigalzu II, otro nieto y hermano del asesinado Kara-hardas, como nuevo rey de Babilonia. El niño-rey era esencialmente un vasallo de su abuelo. A pesar de los lazos de sangre entre Asiria y Babilonia, la acritud creció a medida que el joven rey maduraba. Tras la muerte de su abuelo y la subida al trono de su tío Enlil-nīrāri, Kurigalzu II fue a la guerra contra Asiria y perdió la batalla. También perdió territorio, ya que las líneas fronterizas entre los dos reinos se ajustaron a favor de Asiria.

Tras varios años más de batallas intermitentes entre asirios y casitas, estos declararon una tregua para que Asiria pudiera enfrentarse a los mitanios e hititas. El rey Salmanasar I derrotó con éxito a las fuerzas coaligadas de mitanios e hititas y sacó un ojo a cada uno de sus 14.400 prisioneros de guerra. Mientras Asiria estaba en guerra con otros enemigos, los casitas disfrutaban de la paz, con Nippur especialmente floreciente.

La breve paz de los casitas llegó a su fin cuando Tukulti-Ninurta I subió al trono de Asiria. Después de derrotar a los hititas, marchó hacia el sur para enfrentarse a los babilonios, que no habían respetado las líneas fronterizas con Asiria mientras él había estado ocupado con los hititas. Aplastó las murallas de Babilonia, masacró a los casitas y robó la estatua de Marduk. Llevó al rey casita, desnudo y encadenado, y a su harén de vuelta a Asiria como prisioneros y gobernó él mismo Babilonia durante ocho años, del 1235 al 1227 a. C. Dos décadas más tarde, los propios hijos de Tukulti-Ninurta dieron un golpe de estado y lo apuñalaron hasta la muerte. En el caos, los babilonios se las arreglaron para recuperar a Marduk, ¡quizás devuelto voluntariamente por los asirios!

Alrededor del año 1200 a. C., el colapso de la Edad de Bronce afectó a Oriente Medio, el norte de África, Grecia y Turquía. Una serie de acontecimientos medioambientales, como sequías, terremotos, tsunamis y erupciones volcánicas, perturbaron a las civilizaciones, provocando cambios en la población y el repentino declive de las que fueron grandes potencias políticas. Los «pueblos del mar», de origen desconocido, asediaron las zonas costeras del Mediterráneo, destruyendo violentamente ciudades de Canaán, Líbano, Siria y Turquía. Durante esta época, las majestuosas ciudades de la Grecia micénica quedaron abandonadas y el Imperio hitita se desmoronó. En Mesopotamia, Asiria sobrevivió —incluso prosperó— pero la dinastía casita decayó.

Mientras tanto, los elamitas comenzaron a crear problemas. Las familias reales elamitas y casitas llevaban generaciones casándose, y los elamitas alegaron sus lazos de sangre con Babilonia como justificación para invadir y reclamar su «legítimo trono» en el año 1150 a. C. Capturaron a Enlil-nadin-ahi, el último rey casita de Babilonia, y lo llevaron como prisionero a Susa. También robaron el ídolo de Marduk y se lo llevaron: ¡la tercera vez que robaban a

Marduk!

Después de que los elamitas tomaran con éxito Babilonia, los casitas que huían se reunieron en Isin. Con la ayuda de Isin, lanzaron un contraataque, expulsaron a los elamitas de Babilonia y gobernaron en la Dinastía IV de Babilonia (1153-1022 a. C.). Para entonces, toda Mesopotamia estaba sintiendo los efectos de la prolongada sequía y otros factores del colapso de la Edad del Bronce. La mayoría de las ciudades se vaciaron, excepto Babilonia, Ur e Isin.

Siguió un siglo de caos cuando los arameos invadieron, acabando para siempre con el dominio casita en Babilonia. La mayoría de los casitas se retiraron a la región de Lorestán, en los montes Zagros, en Irán, donde siglos más tarde, el rey asirio Senaquerib luchó contra ellos en el 702 a. C. Sin embargo, algunos casitas permanecieron en Babilonia y ocuparon puestos importantes en dinastías posteriores. Durante su propio reinado, los casitas habían honrado a las anteriores civilizaciones amorrea, sumeria y acadia, y los posteriores gobernantes de Babilonia también estimaron a los casitas.

Capítulo 5: El dominio asirio

Babilonia existía al sur de su vecina Asiria, generalmente en una tregua incómoda. Las familias reales se casaban y se aliaban contra enemigos comunes, pero la paz era tenue. Babilonia y Asiria ejercían su dominio mutuo en un juego de poder constantemente cambiante en el que los feroces asirios solían llevar la delantera.

Los asirios infundieron miedo a sus vecinos durante dos milenios, llegando a aterrorizar a naciones situadas a miles de kilómetros. Crearon el mayor imperio del mundo en aquella época y, al igual que Babilonia, pasaron por varias épocas de amplia soberanía en Oriente Medio, seguidas de horrendas caídas. ¿Quiénes eran los asirios? La *Torá* dice que los pastores semitas que vivían junto al río Tigris eran descendientes de Ashur, hijo de Shem y nieto de Noé[22]. Hablaban un dialecto acadio, y su ciudad original era Asur (Ashur).

Sargón el Grande conquistó la incipiente ciudad de Asur y probablemente fundó Babilonia por la misma época. Tras la caída del Imperio acadio, Asur (aunque no los asentamientos asirios del norte, como Nínive) y Babilonia quedaron bajo el dominio de la Tercera Dinastía de Ur. Luego, bajo el rey Puzur-Ashur I, alrededor del año 2025 a. C., Asiria se convirtió en una modesta ciudad-estado independiente con aproximadamente diez mil habitantes. Babilonia se independizó unos dos siglos después bajo

---

[22] *Génesis 10:22,* Tanaj: Torah: Bereishit.

el rey amorreo Sumu-Abum.

En 1808 a. C., un usurpador amorreo, Shamshi-Adad, se hizo con el poder en Asiria y amplió el modesto grupo de ciudades-estado hasta convertirlo en un imperio que se extendía hacia el noroeste, hasta Turquía y Siria. Pero hacia el final del reinado de Shamshi-Adad, Hammurabi subió al trono babilónico y transformó rápidamente a Babilonia en un reino dominante sobre Asiria y Sumer. Bajo el largo reinado de Hammurabi, los tres siguientes reyes de Asiria fueron vasallos de Babilonia.

Asiria recuperó su independencia tras la muerte de Hammurabi, aunque entró en un caótico autogobierno con múltiples usurpadores durante varios años hasta que la dinastía Adasida se hizo con el poder en Asiria y lo mantuvo durante casi mil años. Los hititas sortearon Asiria para invadir y saquear Babilonia, tras lo cual cayó bajo el dominio casita. Mientras tanto, Asiria soportó un par de décadas de dominio de los mitanios.

Cuando los asirios se deshicieron de los mitanios, hicieron un tratado con los babilonios casitas, reconstruyeron Asur y restablecieron su avanzado sistema comercial. Poco después, en el año 1392 a. C., el rey Eriba-Adad I subió al trono asirio, lo que marcó el inicio del Imperio asirio medio (1392-1056). En este momento, Babilonia se encontraba en su época casita (Babilonia Media). Asiria se recuperó de forma fenomenal, apoderándose de la mayor parte de la Turquía occidental de sus acérrimos rivales, los hititas, y del norte de Mesopotamia, Siria, Líbano y Canaán.

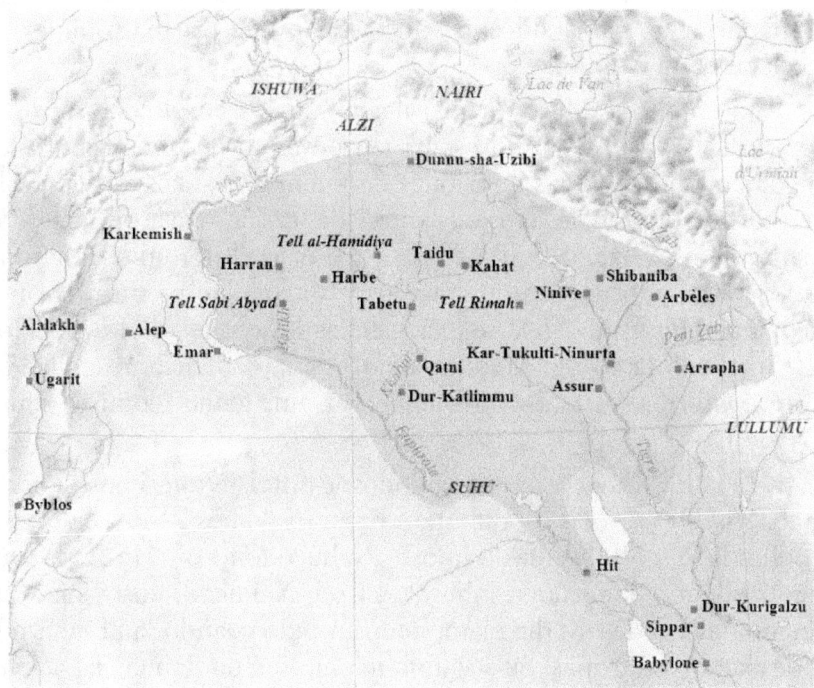

Este mapa muestra la ubicación de la dinastía asiria media
Near_East_topographic_map-blank.svg: Obra de Sémhurderivada: Zunkir, CC BY-SA 3.0
https://creativecommons.org/licenses/by-sa/3.0/ vía Wikimedia Commons;
https://commons.wikimedia.org/wiki/File:M%C3%A9dio-assyrien.png

En un intento desesperado por recuperar el control, los hititas se aliaron sin éxito con Babilonia contra Asiria. En la batalla de Nihriya de 1245 a. C., Tukulti-Ninurta diezmó a los hititas, capturando y esclavizando a 28.800 prisioneros. A continuación, se vengó de Babilonia arrasando sus murallas, masacrando a la población y saqueando sus templos en lo que tanto los babilonios como los asirios consideraron un espantoso acto de sacrilegio. Sin embargo, Tukulti-Ninurta justificó sus acciones en la *Epopeya de Tukulti-Ninurta*, alegando que los babilonios ofendieron a los dioses al romper los juramentos y despreciar su tratado con Asiria.

Los asirios, sin embargo, estaban horrorizados por la profanación de la ciudad sagrada por parte de Tukulti-Ninurta, y especialmente por el robo de Marduk a Babilonia. Temían lo que Marduk pudiera hacerles. Cuando los hijos de Tukulti-Ninurta lo asesinaron, los asirios asintieron para sí mismos: había provocado el desastre por su impiedad. La muerte de Tukulti-Ninurta hizo que

Babilonia, que había sido un reino vasallo que pagaba tributos, se declarara independiente.

Para entonces, Mesopotamia había entrado en el colapso de la Edad de Bronce, pero no estaba tan devastada por las catástrofes medioambientales y las invasiones de pueblos desplazados como la región mediterránea. No obstante, los casitas cayeron ante los elamitas en el siglo XII. Babilonia cayó bajo el dominio de Asiria, con nuevas poblaciones de arameos y suteos que se trasladaron a Babilonia, huyendo de la sequía y de las invasiones de los pueblos del mar a lo largo del Mediterráneo. Asiria comenzó a debilitarse con conflictos internos, manteniendo un tenue control sobre Babilonia.

En 1121 a. C., el rey Nabucodonosor I de Isin tomó posesión de Babilonia y gobernó durante veintidós años (no hay que confundirlo con el más famoso Nabucodonosor II de la era neobabilónica y de fama bíblica). El rey Nabucodonosor hizo un intento fallido de invadir Elam, interrumpido cuando la peste azotó y desbarató sus tropas. Su segundo intento fue un demencial ataque por sorpresa en el calor del verano desértico, recorriendo caminos abrasadores con pozos de agua secos y sus armas de metal ardiendo como el fuego en sus manos. Su locura dio resultado: los elamitas no estaban preparados y nunca se recuperaron del ataque. Lo mejor de la incursión fue que recuperó a Marduk, que los elamitas habían robado de Babilonia tres décadas antes.

Esta piedra kudurru relata el rescate de Marduk de los elamitas por parte de
Nabucodonosor

Gary Todd, CC0, vía Wikimedia Commons;
https://commons.wikimedia.org/wiki/File:Babylonian_Limestone_Boundary_Stele_(Kudur
ru),_Reign_of_Nebuchadnezzar_I.jpg

Envalentonado por la victoria sobre los elamitas, Nabucodonosor I puso sus ojos en Asiria. Al principio había convivido armoniosamente con el rey asirio Ashur-resh-ishi I (1133-1116 a. C.). Sin embargo, Nabucodonosor I rompió más tarde su tratado y asedió dos ciudades asirias, un fracaso estrepitoso. No fue rival para la contundente y brillante táctica militar de Ashur-resh-ishi, que lo expulsó de Asiria.

El hijo de Ashur-resh-ishi, Tiglath-Pileser I, era aún más invencible que su padre. Transformó el ejército asirio en la potencia preeminente de Oriente Medio en sus cuarenta años de reinado. Tras vencer a los arameos en Siria, se lanzó a por las ciudades marítimas de Fenicia, conquistando Biblos, Beret (Beirut), Tiro y Sidón a lo largo del Mediterráneo. Tras reconstruir y restaurar los descuidados templos de Asiria, los consagró mediante el sacrificio humano de «preciosas víctimas».

Mientras Tiglat-Pileser estaba fuera luchando en tierras extranjeras, Nabucodonosor I intentó audazmente incursiones en Asiria. Cuando Tiglat-Pileser se enteró de la audacia de Nabucodonosor, regresó a Mesopotamia, sitió las ciudades de Babilonia y destruyó el palacio de Nabucodonosor en Babilonia, pero dejó intactos los templos de la ciudad. No quiso repetir el error de Tukulti-Ninurta de provocar la ira de los dioses.

El hijo de Tiglath-Pileser, Ashur-bel-Kala, recibió una visita amistosa del rey de Babilonia Marduk-šāpik-zēri en su coronación, y se aliaron contra su enemigo común: los arameos. Cinco años después, Marduk-šāpik-zēri murió, y Ashur-bel-Kala puso a un rey títere en el trono de Babilonia. El último rey del Imperio asirio medio, Ashur-bel-Kala, se vio obligado a defender su reino contra un usurpador: Tukulti-Mer. Finalmente expulsó al pretendiente, pero los hititas y los arameos tomaron Fenicia y Siria mientras él estaba distraído con sus asuntos internos. Esta pérdida dio comienzo a un declive asirio de un siglo, durante el cual perdió Babilonia y todo el territorio excepto las ciudades asirias originales.

La habilidad de los asirios como jinetes les llevó a la victoria en la guerra y en la caza
Carole Raddato de FRANKFURT, Alemania, CC BY-SA 2.0
https://creativecommons.org/licenses/by-sa/2.0 vía Wikimedia Commons;
https://commons.wikimedia.org/wiki/File:Exhibition_I_am_Asurbanipal_king_of_the_worl
d,_king_of_Assyria,_British_Museum_(31033563287).jpg

Asiria se recuperó de su caída en picado cuando Adad-nirari II (911-891 a. C.) subió al trono como primer rey del periodo neoasirio. Durante tres siglos, el imperio neoasirio se expandió exponencialmente, dominando toda Mesopotamia y la costa oriental del Mediterráneo desde Turquía hasta Egipto. Uno de los componentes de su éxito fueron sus avanzadas máquinas de asedio, que sembraban el terror en los corazones de las ciudades rivales acorraladas tras sus murallas.

El revolucionario uso de armas de hierro y carros de guerra por parte de los asirios también contribuyó a crear un ejército casi indomable. Los mesopotámicos, los egipcios y los hititas llevaban dos milenios utilizando el hierro encontrado en los meteoritos, pero alrededor del año 1300 a. C., las culturas de Oriente Próximo empezaron a desarrollar la tecnología de fundición y herrería del hierro. Las armas y los carros de hierro eran de mayor calibre que el bronce, que tenía que ser fundido, lo que lo hacía más frágil. Las armas de hierro más resistentes se fabricaban martillando mineral de hierro calentado, que era fácil de conseguir. El bronce se fundía con cobre y estaño; aunque el cobre estaba disponible en

Mesopotamia (pero no era tan común como el mineral de hierro), los yacimientos de estaño eran escasos y normalmente se importaban.

Como el mineral de hierro era quinientas veces más común que el cobre en Mesopotamia, una vez que los asirios desarrollaron las tecnologías de fundición, forja en frío y templado del hierro, pudieron permitirse equipar ejércitos enteros con armas de hierro. Junto con formidables máquinas de asedio, capacidades logísticas y tácticas estratégicas, los carros de hierro y las armas asirias los convirtieron en el ejército más avanzado de la época.

Comenzando con el astuto liderazgo del rey Adad-Nirari II, la increíble fuerza conquistadora de Asiria tomó una nación tras otra. Ciudad por ciudad, los asirios utilizaron torres de asedio con ruedas, arietes, escaleras móviles y rampas de tierra para romper los muros de las ciudades. Incluso cavaron túneles bajo las murallas. Adad-Nirari dirigió dos campañas en Babilonia, capturando un extenso territorio al norte del río Diyala y formando un tratado con Babilonia que aseguró la paz durante varias generaciones. Sin embargo, sus sucesores destruyeron y reconquistaron Babilonia en múltiples ocasiones.

El nieto de Adad-Nirari, el diabólicamente cruel Asurnasirpal II, extendió agresivamente el imperio, empezando por las tierras altas de Armenia. Desde allí, marchó sobre Siria, venció a los neohititas y a los arameos, y luego entabló relaciones diplomáticas con Fenicia e Israel. Continuó los lazos diplomáticos con Babilonia que había establecido su abuelo, por lo que sin duda le estaban agradecidos, teniendo en cuenta su trato con otras regiones.

El palacio de Asurnasirpal II se mantuvo en Nimrud durante tres milenios antes de que el ISIL lo arrasara en 2015

https://commons.wikimedia.org/wiki/File:Iraq_-_Nimrud_-_Assyria,_Lamassu%27s_Guarding_Palace_Entrance.jpg

Cada vez que una ciudad se rebelaba contra el duro gobierno de Asurnasirpal y las fuertes exigencias de tributo, recibían su horrible castigo, comenzando los métodos de choque y terror que los asirios utilizarían durante los siguientes siglos. Cuando la ciudad de Tela, en Siria, se le resistió, Asurnasirpal aplastó cruelmente a los ciudadanos con acciones que utilizaría repetidamente para aplastar la rebelión:

«Construí una columna frente a la puerta de la ciudad, y desollé a todos los jefes que se habían rebelado, y cubrí la columna con sus pieles. A algunos los empalé sobre la columna en estacas, y a otros los até a estacas alrededor de la columna. A los oficiales que se habían rebelado les corté las extremidades. A muchos cautivos los quemé con fuego, y a muchos los tomé como cautivos vivos. A algunos les corté la nariz, las orejas y los dedos; a muchos les saqué los ojos. Hice una columna de vivos y otra de cabezas, y até sus cabezas a los troncos de los árboles alrededor de la ciudad. Consumí en fuego a sus jóvenes y doncellas. Al resto de sus guerreros los consumí de sed en el desierto del Éufrates»[23].

---

[23] Joshua J. Mark, "Ashurnasirpal II", *World History Encyclopedia*.

El hijo de Asurnasirpal, Salmanasar III, dirigió una fuerza de 70.000 hombres con 4.000 carros y 1.200 jinetes. Las grandes fuerzas de caballería eran una novedad y probablemente utilizaron mercenarios de Turquía y los montes Zagros. El ejército asirio creció hasta los 200.000 soldados en las siguientes generaciones, el mayor ejército de Oriente Medio hasta ese momento. Aunque la mayoría de sus militares eran agricultores llamados a filas, los asirios comenzaron a entrenar fuerzas especializadas, ingenieros y espías.

Salmanasar III continuó el tratado de paz con Babilonia que había establecido Adad-Nirari. Sin embargo, Babilonia sufrió un golpe de estado cuando el hermano menor del rey Marduk-zakir-shumi, Marduk-bel-usate, intentó usurpar el trono. Salmanasar marchó a Babilonia para defender a su aliado, y el hermano rebelde huyó a las montañas, donde Salmanasar lo persiguió y lo cortó con su espada.

Salmanasar también se encontró con un golpe de palacio cuando su hijo Asur-danin-pal intentó robarle el trono, haciéndose con el poder de veintisiete ciudades asirias y aliándose con el rey babilónico Marduk-balassu-iqbi. Otro hijo de Salmanasar, Shamshi-Adad V, defendió a Salmanasar (que murió al cabo de dos años) y continuó con una lucha de poder de cuatro años contra su hermano, la cual finalmente ganó, aunque con una Asiria muy debilitada.

Shamshi-Adad dirigió entonces dos campañas de venganza contra Babilonia. En su primera campaña, tras tomarse un tiempo para cazar leones (un pasatiempo favorito de los asirios), causó estragos en el norte de Babilonia hasta que las fuerzas de la coalición de babilonios, caldeos, elamitas, arameos y casitas lo detuvieron. En su segunda campaña contra Babilonia, Shamshi-Adad capturó al rey Marduk-balāssu-iqbi y lo arrastró a Asiria encadenado.

Tiglat-Pileser III se convirtió en el rey conjunto de Asiria y Babilonia
Osama Shukir Muhammed Amin FRCP(Glasg), CC BY-SA 4.0

Durante sesenta y cinco años, Asiria luchó por recuperarse del impacto de su guerra civil. En el año 745 a. C., Tiglat-Pileser III recibió la corona asiria e inmediatamente se puso a trabajar para restaurar el poder de Asiria, recuperando las provincias escindidas, incluido Israel, y emprendiendo programas de reubicación de la población para evitar cualquier otra rebelión:

«El rey Pul de Asiria (también conocido como Tiglat-Pileser) invadió la tierra y tomó como cautivos a los pueblos de Rubén, Gad y la media tribu de Manasés. Los asirios los exiliaron a Halah, Habor, Hara y el río Gozán, donde permanecen hasta hoy»[24].

«En los días de Peka, rey de Israel, vino Tiglat-Pileser, rey de Asiria, y tomó Ijón, Abel-bet-maaca, Janoa, Cedes, Hazor, Galaad y Galilea, toda la tierra de Neftalí; y los llevó cautivos a Asiria»[25].

Tiglat-Pileser dirigió entonces su atención a Babilonia. Al igual que Asiria, Babilonia había estado experimentando un período de estancamiento, careciendo del poder militar que Asiria había acumulado. Estaba inmersa en continuas luchas de poder con los caldeos, que habían emigrado a Mesopotamia desde el Levante (Siria, Líbano, Israel) a partir del siglo X a. C. y se estaban asentando en el sureste de Babilonia. Los caldeos hablaban una lengua semítica occidental, similar al arameo.

En el siglo VIII a. C., tres líderes tribales caldeos, aparentemente sin relación entre sí, se hicieron con el poder en Babilonia, gobernando como reyes durante el vacío de poder creado por el conflicto con Asiria. Uno de estos reyes caldeos, Erība-Marduk, ayudó a restablecer el orden en Babilonia tras un prolongado periodo de inestabilidad. Reverenció al dios Marduk de Babilonia restaurando su trono en el templo de Esagila.

Dos años después de que Tiglat-Pileser III ascendiera al trono de Asiria, Nabonasar depuso a un gobernante caldeo y se convirtió en rey de Babilonia. Dos años después, en el 745 a. C., Tiglat-Pileser invadió Babilonia, saqueando las ciudades de Hamranu y Rabbilu y robando sus dioses. Destruyó la importante ciudad caldea de Bit-Shilani, acribilló a su gobernante y sometió a los arameos y caldeos. Tiglat-Pileser no molestó a Nabonasar; de hecho, es posible que el rey babilónico solicitara la ayuda de Tiglat-Pileser; sin duda se benefició de la derrota de sus rivales por parte del rey asirio.

Los siguientes años de la historia de Babilonia fueron de insurrección, derrocamiento dinástico y usurpación. Otro caldeo, Nabu-mukin-zeri, se coronó rey en el 731 a. C., para disgusto de

---

[24] *1 Crónicas 5:26*, Tanaj: Libro de Divrei HaYamim I.
[25] *2 Reyes 15:29*, Tanaj: Libro de Malachim II.

Tiglat-Pileser. Nabu-mukin-zeri se puso inmediatamente a mediar en las diferencias entre los distintos grupos étnicos y políticos babilónicos. Tiglat-Pileser prefería que Babilonia estuviera desconectada y enfrentada para que no pudiera rivalizar con Asiria.

Tiglat-Pileser se propuso derrocar a Nabu-mukin-zeri, instalando primero un bloqueo al este para evitar que Elam se involucrara. A continuación, conquistó varias tribus arameas y caldeas. En el 730 a. C., despachó a sus enviados instando a la ciudad de Babilonia a que se rindiera, prometiendo privilegios fiscales, pero fue en vano. En el 729 a. C., Tiglat-Pileser sitió y tomó Babilonia, declarándose rey tanto de Asiria como de Babilonia, aunque Nabu-mukin-zeri siguió resistiendo durante varios años. Tiglat-Pileser mantuvo toda Babilonia, que comprendía la mayor parte del centro y el sur de Mesopotamia, como un reino vasallo unido a Asiria. Honró a las deidades, los templos y la cultura babilónica, asistiendo a los festivales religiosos en Babilonia.

El hijo de Tiglat-Pileser, Salmanasar V, pasó la mayor parte de su corto reinado de cinco años (727-722 a. C.) haciendo campaña en Israel. Se ocupó de los reinos rebeldes aplicando los programas de reubicación de la población utilizados por su padre. Evacuó la provincia de Samaria del norte de Israel y la reubicó en Asiria y Babilonia. Luego exilió a algunos de los grupos tribales problemáticos de Asiria y Babilonia a Samaria[26]. Esto creó una etnia y una religión mesopotámicas totalmente diferentes en Samaria, en desacuerdo con el resto de Israel incluso en la época de Jesús, siglos después. Esto también significaba que una gran población judía vivía en Babilonia (de este y otros esfuerzos de reubicación de la población), y algunos ascendieron a posiciones de poder e influencia con los reyes babilónicos.

Sargón II fue el siguiente en gobernar Asiria, probablemente usurpando el trono de su hermano. A pesar de los traslados de población de Salmanasar, el rey babilónico Marduk-apla-iddina se mostró insubordinado al dominio asirio, lo que obligó a Sargón II a reconquistar el reino. Antes de una invasión militar, Sargón utilizó astutamente las negociaciones secretas con las tribus y ciudades del norte de Babilonia para forjar alianzas. Luego marchó a lo largo del

---

[26] *2 Reyes 17:24-41,* Tanaj: Malachim II.

río Tigris hasta el sur de Babilonia para conquistar Dur-Abi-hara. Volvió a negociar con éxito para ganarse a los babilonios del sur de esa fortaleza.

Marduk-apla-iddina huyó a Elam, y el pueblo de Babilonia, animado, abrió las puertas de su ciudad a Sargón II. Afortunadamente para los babilonios, Sargón no fue tan salvaje como sus predecesores: no castigó a los rebeldes con tanta dureza e incluso extendió los derechos de la ciudadanía asiria en una relación en la que Asiria era considerada el marido y Babilonia la esposa. Vivió en Babilonia durante los tres años siguientes, participando en las ceremonias religiosas tradicionales y mejorando las infraestructuras.

Sargón II murió en una batalla en Anatolia y su cuerpo desapareció; en el caos, sus hombres no pudieron recuperarlo. Muchos percibieron la falta de ritos funerarios adecuados como un mal presagio, y surgieron rebeliones en torno al Imperio asirio, que el hijo de Sargón, Senaquerib, se esforzó por someter. Babilonia se negó a ser una «esposa» sumisa: el pueblo sentía que había faltado al respeto a Marduk al negarse a «tomar la mano» del dios.

Senaquerib sometió la rebelión e instaló un rey vasallo, Bel-ibni: un babilonio que había crecido en su palacio. Eso no fue bien; el joven rey comenzó casi inmediatamente a conspirar con los caldeos y los elamitas, por lo que Senaquerib lo exilió a Asiria. Puso a su hijo, Ashur-nadin-shumi, en el trono de Babilonia, pero tampoco le fue bien. Los elamitas invadieron, mataron al joven rey y, una vez más, robaron a Marduk.

Otro hijo de Senaquerib, Asarhaddón, se convirtió en rey de Asiria y Babilonia. Recuperó a Marduk de los elamitas y reconstruyó el templo de Esagila y la ciudad de Babilonia, viviendo en Babilonia parte del tiempo. Tras la muerte de Asarhaddón, su hijo mayor Shamash-shum-ukin gobernó Babilonia, mientras que su hijo menor Asurbanipal gobernó Asiria desde Nínive. Los hermanos cayeron en una guerra civil, con los elamitas, persas, caldeos, cananeos y árabes apoyando a Shamash-shum-ukin. A pesar de la enorme coalición de fuerzas, Asurbanipal ganó la guerra.

Asurbanipal sitió Babilonia y, cuando la población hambrienta y enferma se rindió, mató a su hermano quemándolo hasta la muerte, y luego nombró a un asirio como gobernador de Babilonia. Desmembró a las concubinas y a los funcionarios de su hermano y alimentó con sus partes a los buitres y a los perros. Asurbanipal también se llevó muchos de los textos antiguos de Babilonia a Nínive, donde los instaló en su enorme biblioteca, preservándolos para la historia. Fue el último de los grandes reyes de Asiria; el imperio se desmoronó poco después de su muerte.

Mientras Asiria se deterioraba, Babilonia volvía a crecer en poder. De origen incierto, y llamándose a sí mismo «hijo de nadie», Nabopolasar aprovechó la debilidad de Asiria para organizar una revuelta. Los primeros golpes de Nabopolasar fueron contra Nippur y Babilonia, que conquistó rápidamente. Los asirios no perdieron tiempo en contraatacar, recuperando Nippur. Sin embargo, encontraron a Nabopolasar demasiado fuerte cuando atacaron Babilonia y Uruk. Se coronó rey en el 626 a. C., liberando a Babilonia de siglos de vasallaje bajo el dominio asirio.

Capítulo 6: Un nuevo imperio: los neobabilonios

Un fenomenal cambio de poder sacudió a Asiria cuando Nabopolasar se hizo con el poder de Babilonia en el 626 a. C. Esto marcó el comienzo del efímero pero dinámico Imperio neobabilónico, conocido por sus avances científicos y matemáticos, su brillante arquitectura y sus interacciones con Judá, Tiro y Egipto, tal y como se recoge en el Tanaj hebreo (Antiguo Testamento). Mientras que el sensacional Imperio neobabilónico irrumpía en la escena de Oriente Medio, el Imperio neoasirio entraba en su ocaso, para acabar extinguiéndose por completo.

El rey asirio Sinsharishkun intentó desesperadamente recuperar el dominio sobre Babilonia en los años 625-623 a. C. Sus contraofensivas en el norte de Babilonia fueron inicialmente exitosas: conquistó Sippar y mantuvo a Nippur lejos de los asaltos de Nabopolasar. Sin embargo, los problemas se cernían sobre el este. Elam había sido vasallo de Asiria, pero ahora se desprendió de sus grilletes, dejó de pagar tributos y unió sus fuerzas a las de Nabopolasar. Sinsharishkun respondió reuniendo un gigantesco ejército para hacer frente a la nueva amenaza y retomó espectacularmente Uruk.

Justo cuando Sinsharishkun pensaba que el triunfo sobre Babilonia estaba en su mano, recibió noticias inquietantes. Uno de sus propios generales de las provincias occidentales se había rebelado y marchaba hacia Nínive, la capital de Asiria. Con la mayor parte del ejército asirio en el extremo sur, el pequeño ejército de Nínive ni siquiera intentó defender la ciudad. El usurpador sin nombre se coronó a sí mismo como nuevo rey de Asiria, obligando a Sinsharishkun a abandonar su campaña en Babilonia y a correr a casa para enfrentarse a su retador.

Tras varios meses de brutal guerra civil, Sinsharishkun expulsó al intruso, pero los babilonios aprovecharon su ausencia para asediar Uruk y Nippur. Desesperados por la falta de alimentos, los asirios finalmente rindieron las ciudades, pero no antes de que algunos ciudadanos tomaran la agónica decisión de vender a sus hijos como esclavos o verlos morir de hambre. Nabopolasar causó entonces estragos en las guarniciones asirias restantes en el sur; todas ellas capitularon en el 620 a. C. Tras expulsar a los asirios, Nabopolasar pasó a controlar toda Babilonia.

Mientras los asirios y los babilonios experimentaban golpes de estado y luchaban con saña por el control de Babilonia, nuevas potencias se alzaban al este. Los medos, una tribu del actual noroeste de Irán, aprovecharon la debilidad de Elam para expandir su territorio. A medida que el Imperio asirio se desmoronaba, los medos dejaron de pagar el tributo que habían pagado a Asiria durante siglos.

Para vengar la muerte de su padre a manos de los asirios, el rey Ciáxares de Media organizó un asalto frontal a la capital de Asiria, Nínive. En medio de su ataque a Nínive, los escitas lanzaron un ataque sorpresa a la retaguardia de los medos, liderados por el rey Madyas. ¿Quiénes eran los escitas? Eran feroces pastores nómadas de las estepas euroasiáticas al norte del mar Negro, en las actuales Kazajistán, Rusia y Ucrania. Estos sanguinarios y expertos jinetes realizaban salvajes incursiones en el norte de Mesopotamia, pero se habían aliado con Asiria.

Este vaso griego muestra un arquero escita pintado por Epiktetos, 520-500 a. C.

Los escitas golpearon a los medos y los obligaron a someterse a su dominio. Durante unos años, los medos no tuvieron más remedio que pagar tributo a los escitas y dejar a Asiria sin molestar. Pero en el año 625 a. C., Ciáxares planeó romper el yugo escita. Invitó a la nobleza escita a un gran banquete, sirviéndoles vino de alta graduación mientras los medos bebían vino aguado. Cuando los señores escitas se emborracharon, los medos atacaron y los mataron a todos. Con su liderazgo aniquilado, los escitas unieron pragmáticamente sus fuerzas a las de los medos. Juntos, lanzaron otro asedio a Nínive y tomaron la ciudad.

Nueve años después, tras haber consolidado toda Babilonia, Nabopolasar se atrevió a invadir el territorio asirio en el 616 a. C. Siguiendo el Éufrates hacia el norte de Siria, tomó ciudades asirias hasta el río Jabur. Los asirios recurrieron a su aliado, el faraón egipcio Psamético I, que prefería que los asirios controlaran el Levante, lo que proporcionaba fronteras más seguras a Egipto con sus vecinos del norte. Psamético marchó hacia el norte para fusionar su gigantesco ejército con el de Asiria.

Babilonia no había sido una gran amenaza para otros imperios durante siglos, así que fue una sorpresa cuando las fuerzas asirio-egipcias de la coalición perdieron la primera batalla contra los advenedizos babilonios. Desconcertados, los egipcios retrocedieron, obligando a Asiria a retirarse y dejando a Babilonia el control del Éufrates medio. Esto dio a Babilonia acceso ilimitado a las prósperas rutas comerciales y proporcionó una zona de amortiguación contra un ataque asirio a Babilonia. Una vez logrado esto, Nabopolasar detuvo cualquier invasión de Asiria por el momento.

Antes de planear su siguiente paso contra Asiria, Nabopolasar necesitaba negociar alianzas estratégicas. Ya contaba con el apoyo caldeo, y en el 616 a. C. se alió con Ciáxares, rey de los medos y bisabuelo de Ciro el Grande. Como parte del tratado, el hijo de Nabopolasar, Nabucodonosor II, se casó con la hija de Ciáxares, la princesa Amytis, y Ciáxares se casó con la hija de Nabopolasar. Los medos llevaron a los escitas con ellos al lado babilónico.

Nabopolasar marchó entonces hacia el corazón de Asiria, atacando Asur, la primera ciudad de los asirios, antigua capital y hogar sagrado de su dios principal Ashur. Sinsharishkun se apresuró a reunir sus fuerzas, marchó hacia Asur y obligó a Nabopolasar a retirarse. Pero entonces el rey Ciáxares condujo a los medos a Asiria en el año 614 a. C. y lanzó un terrible ataque contra Asur. Conquistó brutalmente la ciudad, masacrando a los ciudadanos y saqueando los templos sagrados. Nabopolasar llegó después de la toma de la ciudad, horrorizado por la crueldad de Ciáxares y su desprecio por los lugares sagrados.

Aunque el saqueo de Asur fue terrible para los asirios, el horror no había hecho más que empezar. En el año 612 a. C., una asombrosa coalición de babilonios, caldeos, cimerios, medos, persas, sagartianos y escitas se lanzó a invadir Asiria. Los cimerios procedían del suroeste de Asia y se habían asimilado a los escitas, mientras que los sagartianos eran de la meseta iraní. Después de sitiar Nínive durante tres meses, las fuerzas unidas redujeron a polvo sus murallas, mataron al rey asirio Sinsharishkun y destruyeron la ciudad, llevándose un inmenso tesoro del palacio y los templos. El profeta Nahum describió la desolación:

«Tu enemigo viene a aplastarte, Nínive. ¡Vigila las murallas! ¡Vigila los caminos! ¡Prepara tus defensas! ¡Llama a tus fuerzas!

¡Los escudos brillan en rojo a la luz del sol! Ved los uniformes escarlata de las valientes tropas. Mirad cómo sus relucientes carros se ponen en posición, con un bosque de lanzas ondeando sobre ellos. Los carros corren temerariamente por las calles y se precipitan salvajemente por las plazas. Destellan como la luz del fuego y se mueven tan rápido como un relámpago.

El rey grita a sus oficiales; estos tropiezan en su apresuramiento, corriendo hacia las murallas para establecer sus defensas. Las puertas del río se han abierto de par en par. El palacio está a punto de derrumbarse. Se ha decretado el exilio de Nínive, y todas las sirvientas lloran su captura. Gimen como palomas y se golpean el pecho de dolor. ¡Nínive es como un depósito de agua que gotea! El pueblo se escapa. "¡Deténganse, deténganse!", grita alguien, pero nadie mira hacia atrás.

¡Saqueen la plata! ¡Saqueen el oro! Los tesoros de Nínive no tienen fin, su vasta e incontable riqueza. Pronto la ciudad está saqueada, vacía y arruinada. Los corazones se derriten y las rodillas tiemblan. El pueblo está atónito, con los rostros pálidos y temblorosos»[27].

Los cimerios, medos y escitas asaltaron el resto del territorio asirio, arrasando las ciudades y profanando los templos. Nabopolasar y los babilonios compartían muchas de las mismas deidades con Asiria y encontraron el sacrilegio perturbador. El despiadado ataque a la patria de Asiria solo dejó un minúsculo remanente de una población antaño floreciente. Los cimerios, medos y escitas atacaron entonces el Levante, asolando Turquía, Judá e Israel, hasta la costa de Egipto.

---

[27] *Nahum 2,* Tanaj: Navi: Trei Assar

THE BATTLE OF CARCHEMISH.

Los babilonios derrotaron completamente a los asirios y egipcios en la batalla de
Carchemish

*Crédito: Patrick Gray, CC BY 2.0 https://creativecommons.org/licenses/by/2.0/ vía Wikimedia
Commons; https://commons.wikimedia.org/wiki/File:Battle_of_Carchemish.png*

La nobleza asiria superviviente escapó a Harrán, en Turquía,
donde se refugió, buscando desesperadamente la ayuda del faraón
egipcio Necao II. Tras consolidar su victoria en Asiria, las fuerzas
babilónico-medias marcharon sobre Harrán en el 610 a. C. Al
acercarse, los asirios huyeron al desierto de Siria. Necao II marchó
hacia el norte desde Egipto para rescatar al remanente asirio, pero
el rey de Judá, Josías, se negó a dejarlo pasar por su país. Necao
mató a Josías en la batalla de Meguido, pero el retraso condenó a
los asirios.

Las fuerzas de la coalición babilónica conquistaron Harrán antes
de que llegara Necao. Cuando Necao llegó, el príncipe heredero
babilónico Nabucodonosor dirigió el ejército babilónico en un
asalto letal contra Necao II y los pocos asirios que quedaban,
aniquilando al ejército egipcio hasta el último hombre. Asiria había
caído, y Egipto fue puesto de rodillas, pero el formidable Imperio
neobabilónico se alzó como la nueva estrella brillante de
Mesopotamia.

Poco después de la asombrosa victoria contra Egipto, Nabopolasar murió, y Nabucodonosor II regresó a casa como el héroe de la guerra para ascender al trono de Babilonia en el 605 a. C. Gobernó durante cuarenta y tres años como el mayor rey del Imperio neobabilónico. Babilonia tenía ahora poder sobre Asiria y toda Mesopotamia, y Nabucodonosor acabaría subyugando el oeste de Arabia Saudí, Siria, Líbano, Israel, Jordania, el sur de Turquía y el este de Irán.

El legado de Nabopolasar a su hijo fue la estabilidad en el centro y el sur de Mesopotamia, con toda la región bajo control babilónico. Nabucodonosor consolidó rápidamente el corazón asirio, sometiendo cualquier resistencia restante y poniendo toda Mesopotamia bajo un solo trono. Nabucodonosor aprovechó esta paz para expandir y mejorar su ejército e iniciar impresionantes proyectos de construcción alrededor de Babilonia, especialmente en la ciudad de Babilonia.

Un problema persistente para Nabucodonosor II era el insubordinado reino de Judea. Más de un siglo antes, Salmanasar V de Asiria había derrotado con contundencia al reino hermano de Judá, Israel, reubicando a la mayor parte de su población en Asiria y Babilonia, y repoblando Israel con mesopotámicos. Judá permaneció independiente hasta que el faraón egipcio Necao II mató al rey Josías, convirtiendo a Judá en vasallo de Egipto. Pero después de que Nabucodonosor destruyera el ejército de Necao, este tomó el control de Judá como reino vasallo mientras seguía siendo príncipe heredero.

El hijo de Josías, Joaquín, se rebeló después de tres años de pagar tributo, y Nabucodonosor, ahora el nuevo rey de Babilonia, marchó a Judá para suprimir la rebelión del rey vasallo. Derrotó a Joacim y se llevó a Babilonia a algunos de los jóvenes de la familia real de Judá. Estos jóvenes recibieron nombres babilónicos, se formaron en la lengua y la literatura babilónicas durante tres años y luego entraron al servicio real. Cuatro de estos jóvenes eran Daniel (Belsasar), Ananías (Sadrac), Misael (Mesac) y Azarías (Abednego). Daniel sirvió como consejero e intérprete de sueños a los reyes de Babilonia a lo largo del imperio neobabilónico y brevemente bajo el dominio persa. Nabucodonosor nombró a los tres amigos de

Daniel como líderes de las provincias babilónicas[28].

Después de varios años, el nuevo rey de Judá decidió deshacerse del yugo. En el octavo año de su reinado, Nabucodonosor invadió Judá y tomó prisionero al joven rey Joaquín con sus esposas y la reina madre. Despojó al palacio real y al templo judío de los tesoros de plata y oro acumulados siglos antes por el rey Salomón. En lo que se conoce como el Cautiverio de Babilonia, Nabucodonosor se llevó a diez mil personas de Jerusalén como cautivos de vuelta a Babilonia —los comandantes militares, los soldados cualificados, los artesanos y las personas que se dedican a la artesanía— dejando solo a los más pobres de la tierra. Instaló al tío de Joaquín, Sedequías, como rey vasallo sobre Judá[29]:

«Junto a los ríos de Babilonia, allí nos sentamos, sí, lloramos, cuando nos acordamos de Sión. Allí, en los sauces, colgamos nuestras arpas. Porque allí nuestros captores nos exigían cantos, y nuestros atormentadores, júbilo, diciendo: "¡Cantad para nosotros uno de los cantos de Sión!"»[30].

A pesar de las desastrosas consecuencias que sufrieron sus predecesores cuando se rebelaron, no pasó mucho tiempo antes de que Sedequías, en alianza con Egipto y el rey Ithobaal III de Tiro, se rebelara. El rey Nabucodonosor sitió Jerusalén durante dos años mientras el pueblo se moría de hambre. Finalmente, el rey Sedequías protagonizó una audaz huida nocturna que terminó en tragedia. Los babilonios lo capturaron, lo obligaron a ver las ejecuciones de sus hijos, luego le sacaron los ojos y lo arrastraron a Babilonia encadenado[31].

Bajo el dominio de Babilonia, la antigua ciudad de Tiro, en la costa del Líbano, había disfrutado de unos años de independencia, salvo para pagar tributos. La ciudad fenicia costera había sufrido bajo el dominio asirio, pero bajo el reinado más benévolo de Nabucodonosor, había reconstruido su legendaria riqueza como centro comercial y puerto clave. Entonces, el rey de Tiro unió sus fuerzas con Egipto y Judá contra Babilonia: una jugada temeraria. Mientras asediaba a Judá, Nabucodonosor también asedió a Tiro

---

[28] *Daniel 2,* Tanaj: Ketuvim: Libro de Daniel.
[29] *2 Reyes 24,* Tanaj: Navi: Libro de Malachim II.
[30] *Salmo 137:1-3,* Tanaj: Ketuvim: Libro de Tehillim.
[31] *2 Reyes 25.*

durante trece largos años, el último reducto para consolidar su imperio. Cuando Tiro finalmente se rindió, Nabucodonosor fue sorprendentemente misericordioso, permitiendo que la ciudad continuara como antes con reyes vasallos. Decidió astutamente que el vasto tributo que recibiría del próspero comercio de la ciudad enriquecería su imperio.

El Museo de Pérgamo de Alemania exhibe esta reproducción de la Puerta de Ishtar
Usuario: Hahaha, CC SA 1.0 https://creativecommons.org/licenses/sa/1.0/ vía Wikimedia Commons; https://commons.wikimedia.org/wiki/File:Pergamonmuseum_Ishtartor_05.jpg

Una vez que Nabucodonosor II hubo expandido y consolidado las fronteras de su imperio, se centró en ambiciosos proyectos de construcción: reconstruir completamente trece ciudades. Su principal objetivo fue la ciudad de Babilonia, que transformó en un impresionante centro religioso y político. Restauró el templo Esagila de Marduk en un exquisito destino de peregrinación y terminó la construcción del imponente zigurat Etemenanki frente al Esagila.

La Avenida de las Procesiones era una majestuosa vía de doce metros de ancho que comenzaba en la reluciente e imponente Puerta de Ishtar y conducía a través de la ciudad hasta el complejo del templo central. Paredes de quince metros bordeaban la Avenida de las Procesiones con relucientes ladrillos vidriados en azul y 120 imágenes en bajorrelieve de toros, dragones y leones en oro. La Puerta de Ishtar brillaba al sol y honraba a la diosa Ishtar (Inanna). A cada lado de las puertas de cedro y bronce, altas torres de un azul intenso mostraban bajorrelieves de los dioses Adad, Ishtar y Marduk. La imagen de Marduk era una criatura parecida a un dragón con cabeza y cola de serpiente, un cuerpo escamoso parecido al de un león y unas espantosas garras en sus patas traseras.

El mušḫuššu en forma de dragón representaba a Marduk

Además de construir ciudades impresionantes, Nabucodonosor también inició la excavación del Canal Real, o Canal de Nabucodonosor, que unía el Éufrates con el Tigris. No se completó hasta el final de la era neobabilónica, pero transformó drásticamente la agricultura de la región.

Tras gobernar el Imperio babilónico durante cuarenta y tres años, Nabucodonosor murió en el 562 a. C. Por razones poco claras, Nabucodonosor había elegido a uno de sus hijos menores, Amel-Marduk (Evil-Merodach), como príncipe heredero, pero más tarde se arrepintió de su decisión. Creía que Amel-Marduk conspiraba contra él, era irrespetuoso con los templos y explotaba al pueblo. Cuando Nabucodonosor se ausentó de Babilonia, los nobles declararon rey a Amel-Marduk.

La situación era extraña. ¿Por qué los nobles darían un golpe de estado contra su renombrado rey y héroe militar? ¿Estaba enfermo mentalmente, como registró Belsasar (Daniel)? Discutiremos esta posibilidad en el capítulo ocho. Cuando Nabucodonosor regresó a Babilonia, encerró a su hijo en la mazmorra del palacio, donde Amel-Marduk se hizo amigo del rey Joaquín de Judá, a quien Nabucodonosor había encarcelado treinta y siete años antes. Mientras Nabucodonosor estaba en proceso de nombrar a otro príncipe heredero, este murió repentinamente.

Cuando Amel-Marduk ascendió al trono, sacó de la cárcel a su nuevo amigo, el rey Joaquín, y el rey de Judea cenó en la mesa del rey babilónico durante el resto de su vida[32]. Nabucodonosor había exiliado a Babilonia a varios reyes y otros miembros de la realeza que conservaron algún tipo de estatus; en el Tanaj, los libros de 2 Reyes y Jeremías mencionan que Amel-Marduk elevó a Joaquín por encima de los demás reyes en Babilonia.

En su corto reinado, las inscripciones dicen que Amel-Marduk «gobernó caprichosamente y no tuvo en cuenta las leyes»[33]. Se consumía en el culto a Marduk hasta el punto de descuidar sus obligaciones familiares y reales, y de ofender a sus cortesanos, quienes se negaban a obedecerlo. Al menos, eso es lo que decían las inscripciones, pero puede que intentaran justificar el regicidio. Tras solo dos años como rey, su cuñado Neriglisar formó una conspiración contra él, lo asesinó y usurpó el trono.

¿Quién era Neriglisar? Era uno de los principales generales de

---

[32] *2 Reyes 25,* Tanaj, Libro de Malachim II.
[33] Frauke Weiershäuser y Jamie Novotny. *The Royal Inscriptions of Amēl-Marduk (561–560 BC), Neriglissar (559–556 BC), and Nabonidus (555–539 BC), Kings of Babylo* (PDF). (Winona Lake: Eisenbrauns, 2020), 1.

Nabucodonosor que se había ganado la admiración de este y la mano de la hija del rey. Como astuto líder militar, conquistó con éxito Lidia y Turquía. Cuando el rey Appuasu de Pirindu reunió una fuerza descomunal para asaltar Siria, Neriglisar salió a defender el territorio babilónico. Aunque Appuasu preparó una emboscada para Neriglisar, el rey babilónico la eludió y derrotó al ejército de Appuasu.

Tras capturar a muchos de los hombres y caballos de Appuasu, Neriglisar persiguió al rey pirindú durante todo un día a través de traicioneros pasos de montaña hasta que lo alcanzó y lo hizo prisionero. A continuación, capturó la capital real de Appuasu, Kirsi, y la incendió. Tras esta asombrosa victoria, Neriglisar lanzó una flota de barcos al Mediterráneo con seis mil soldados, derrotó a la tierra de Pitusu (probablemente Creta) en medio del mar, arrasó la ciudad y esclavizó al pueblo[34].

Tras gobernar solo unos años, cayó enfermo y murió. Su joven hijo Labashi-Marduk ascendió al trono durante un breve reinado antes de que unos conspiradores lo mataran a golpes en otro golpe de palacio dirigido por Baltasar, hijo de Nabónido. A Nabónido le sorprendió ser nombrado rey por su hijo y los demás conspiradores, ya que no pertenecía a la familia gobernante de Babilonia. Su madre era de la familia de Asurbanipal, el último rey de Asiria.

Curiosamente, después de completar un exitoso esfuerzo militar en Arabia, Nabónido pasó diez de sus diecisiete años como rey en un exilio autoimpuesto allí. Dejó a su hijo Baltasar para que dirigiera el imperio como regente. En la década que Nabónido estuvo fuera de Babilonia, Ciro el Grande estaba construyendo su gran reino persa en Irán. El descuido de Nabónido en su reino lo dejó vulnerable ante la inminente amenaza del este. Combinado con el fracaso de los descendientes de Nabucodonosor para igualar su fuerza y vitalidad y con una serie de golpes de palacio, el imperio se desmoronó gradualmente.

---

[34] *Crónica sobre el tercer año de Neriglissar (ABC 6)*, Livio, 2006.
https://www.livius.org/sources/content/mesopotamian-chronicles-content/abc-6-neriglissar-chronicle.

Capítulo 7: El declive y caída de Babilonia

El declive de Babilonia había comenzado. Nabonides no estaba preparado para gobernar un imperio. Sin relación con la actual dinastía caldeo-babilónica, ni siquiera era babilónico; sus padres eran asirios y arameos de Harrán, en Siria. Su madre, Adagoppe, hija de Asurbanipal, el último rey asirio, era sacerdotisa de Sin, el dios de la luna. Nabonides era su único hijo. Nabonides se refería a su padre como «un príncipe», lo que sugiere que era un jefe arameo o que ocupaba un puesto destacado en el gobierno de Harrán.

La vida de Adagoppe se vio alterada en el año 610 a. C. cuando los babilonios, dirigidos por su príncipe heredero Nabucodonosor, conquistaron Harrán y saquearon la ciudad. Los babilonios tomaron a Adagoppe y a su pequeño hijo Nabonides como cautivos; presumiblemente, su marido murió en la lucha. Como princesa asiria, fue tratada con los mismos honores que los babilonios concedieron a otros miembros de la realeza capturados. Adagoppe escribió que ella presentó a Nabonides al rey Nabucodonosor II y al rey Neriglisar, que fue educado y les sirvió en la corte real[35].

---

[35] Paul-Alain Beaulieu, *Reign of Nabonidus, King of Babylon (556-539 BC)* (New Haven: Yale University Press, 1989), 69.

Nabonides reza al dios de la luna Sin, Ishtar, y al dios del sol en la Estela de Harrán
British Museum, CC BY 3.0 https://creativecommons.org/licenses/by/3.0/ vía Wikimedia Commons; https://commons.wikimedia.org/wiki/File:Nabonides.jpg

El historiador babilónico Beroso escribió que Nabonides era un sacerdote de Marduk, por lo que su servicio a la realeza fue probablemente en un contexto religioso. Aunque participó en el golpe de estado orquestado por su hijo Baltasar, nunca esperó ser impulsado al trono. En una de sus inscripciones, Nabonides señaló con ironía: «En mi mente no había ningún pensamiento de realeza»[36]. Sin embargo, allí estaba, a una edad avanzada, en el año 556 a. C., llevando la corona, responsable de cientos de miles de personas de numerosas etnias y lenguas repartidas en miles de kilómetros.

Pero los intereses de Nabonides estaban en otra parte. Intrigado por las historias antiguas de Mesopotamia, quería saber más. Se lo llama el primer arqueólogo del mundo, ya que estudió e intentó

---

[36] Beaulieu, *Reign of Nabonidus,* 67.

interpretar los artefactos descubiertos cuando se desenterraron los cimientos de los antiguos templos para construir otros nuevos. Descubrió una estatua de Sargón el Grande y la hizo restaurar, junto con el templo de Inanna en Agadé[37].

Como sacerdote e hijo de una sacerdotisa, la principal preocupación de Nabonides era la religión. Reconstruyó el templo del dios Sin en Harrán, donde su madre sirvió una vez. Renovó el templo de Eanna en Uruk y cambió el orden de los sacrificios para incluir las ofrendas que habían cesado bajo el rey Neriglisar.

Por supuesto, no se podía ser un rey mesopotámico sin ser un gran guerrero. Nabonides destacó en sus hazañas militares, dirigiendo exitosas campañas en Cilicia y Arabia. Misteriosamente, tras conquistar Tayma en Arabia, Nabonides permaneció allí durante una década mientras su hijo Baltasar dirigía el reino como su regente.

Baltasar era un diplomático inepto, y sus ciudadanos estaban horrorizados porque no celebró la fiesta religiosa del Año Nuevo, una antigua tradición babilónica. Sin embargo, estaban aún más descontentos con la larga ausencia de Nabonides y sus intentos de forzar lo que consideraban extrañas reformas religiosas.

¿Por qué se quedó Nabonides en el aislado puesto de Tayma en el desierto? ¿Por qué conquistó la ciudad para empezar, ya que los árabes no eran una amenaza para los babilonios? La respuesta a la segunda pregunta era para controlar el próspero comercio que cruzaba los desiertos. Pero una vez que tuvo Tayma bajo control, reconstruyó las murallas de la ciudad, levantó un nuevo palacio para sí mismo y construyó un elaborado sistema de riego: todo ello es señal de que tenía intención de quedarse.

Nabonides deseaba profundamente reformar la religión babilónica, pero los sacerdotes de Babilonia y su hijo Baltasar se resistieron firmemente a sus esfuerzos. Aunque había sido sacerdote de Marduk (probablemente asignado al cargo) antes de convertirse en rey, deseaba elevar a Sin sobre Marduk como dios principal del panteón babilónico. Desde los inicios de Babilonia, Marduk había sido su dios principal, y los babilonios consideraban que los esfuerzos de Nabonides por suplantar a Marduk eran una

---

[37] Beaulieu, *Reign of Nabonidus*, 138.

abominación impía. Nabonides escribió en inscripciones que permaneció en Tayma debido a la «impiedad de los babilonios»[38].

Mientras Nabonides estaba en Arabia, parecía ajeno a la amenaza de Ciro el Grande, que estaba construyendo el asombroso Imperio persa, rodeando al Imperio babilónico por el este, el norte y el oeste. Décadas antes, los medos se habían aliado con los persas, sellando su alianza con el matrimonio del rey Cambises de Persia con Mandane, hija del rey Astiages de Media y nieta de Ciáxares el Grande. Ciro II (Ciro el Grande) fue el hijo de este matrimonio.

Una leyenda dice que cuando Ciro nació, el rey Astiages soñó que Ciro lo derrocaría un día. Envió a su general Harpago a matar a su nieto, pero en su lugar, Harpago entregó al bebé a un pastor, que lo crió como si fuera suyo. Diez años después, la verdadera identidad de Ciro salió a la luz. Astiages castigó a Harpago matando a su hijo y sirviendo su cuerpo a Harpago en un banquete; sin embargo, permitió que Ciro volviera con sus padres biológicos.

Al comienzo del reinado de Nabonides, Ciro era rey de Persia y Astiages gobernaba a los medos. Ciro entabló una lucha por el poder con Astiages y rompió el dominio de su abuelo con la ayuda del general Harpago, que estaba ansioso por vengar a su hijo. Harpago convenció a los militares medos para que abandonaran a Astiages y se unieran a Ciro. Tras la muerte de Astiages, su hijo Ciáxares II (con el nombre de trono de Darío) se convirtió en el rey de los medos en una posición subordinada a su sobrino Ciro. Cuando los medos se unieron a los persas, ostentaban el poder sobre Bactria (Tayikistán y Uzbekistán), Partia (noreste de Irán) y los nómadas Saka, que recorrían la estepa euroasiática hasta la actual provincia china de Xinjiang.

Mientras Nabonides estaba en Arabia, sin prestar atención, los medos y persas conquistaron reinos al norte y noroeste de Babilonia. Tomaron Lidia en el año 547 a. C. y luego conmocionaron al mundo griego al derrotar a las doce colonias griegas de Jonia, importantes ciudades-estado y centros de comercio. Ciro permitió que las ciudades-estado de Asia Menor siguieran gobernándose a sí mismas siempre que pagaran tributos y suministraran hombres para su enorme ejército.

---

[38] Beaulieu, *Reign of Nabonidus*, 184.

Ciro puso a sus camellos en primera línea en la batalla de Timbra, lo que provocó el pánico de los caballos lidios, que nunca habían visto ni olido a los camellos
https://commons.wikimedia.org/wiki/File:Defeat_of_Croesus_546_BCE.jpg

A continuación, Ciro se dirigió a los nómadas sogdianos del norte de Bactriana y los derrotó con éxito. Durante los siguientes 150 años, pagaron un tributo de cornalina, lapislázuli y otras piedras semipreciosas. Los medos y los persas también se hicieron con el control del resto de la península de Anatolia (la actual Turquía occidental). La aparente indiferencia de Nabonides provocó un creciente descontento entre los ciudadanos de Babilonia. Sin embargo, el regente Belsasar comprendió perfectamente el peligro persa y reforzó las defensas en zonas críticas.

El siguiente movimiento de los persas fue hacia el sur, por la costa mediterránea. Las ciudades fenicias que daban al mar, incluidas las antiguas Tiro, Sidón, Biblos y Trípoli, no se resistieron, conscientes del historial de misericordia de Ciro hacia las regiones conquistadas. Ciro los permitió seguir como siempre con un tributo anual de 350 talentos. Esta fue la primera incursión de los persas en territorio babilónico, y finalmente sacó a Nabonides de su estupor. Entrando en acción, Nabonides regresó a Babilonia.

El siguiente movimiento de Ciro contra el Imperio babilónico fue la conquista de su territorio vasallo de Elam y de su capital, Susa, al suroeste del corazón de Babilonia. Esto impulsó a Nabonides a pedir que las principales estatuas de los dioses y diosas fueran traídas de las ciudades de Babilonia y almacenadas en Babilonia para su custodia[39]. Nabonides marchó entonces hacia el norte con sus tropas para defender Sippar y Opis en los extremos opuestos de la Muralla Mediana. Nabucodonosor había construido la muralla para protegerse de las invasiones de los medos, y se extendía desde Opis en el río Tigris hasta Sippar en el Éufrates. Así, los ríos de ambos lados y la muralla del norte protegían a Babilonia.

Ciro se acercó con Gubaru (Gobrias), un astuto general cuyas innovadoras tácticas militares fueron fundamentales para la invasión de Babilonia por parte de Ciro. Algunos investigadores creen que Gubaru era Ciáxares II, rey de los medos, también conocido como Darío el Medo. Si no es así, el rey Darío también formaba parte de las fuerzas de la coalición. A finales de septiembre del 539 a. C., las tropas persas de Ciro y los medos dirigidos por Gubaru se acercaron a Opis en la época en que los ríos mesopotámicos estaban en su nivel más bajo. Al superar Opis, en la orilla oriental del Tigris, Ciro podría vadear el río y flanquear la muralla mediana.

El ejército coaligado de Ciro y Gubaru se lanzó al asalto de Opis, aplastando a las fuerzas babilónicas, saqueando la ciudad y masacrando a los ciudadanos. Heródoto escribió que los ingenieros de Ciro desviaron el Tigris en varios canales, bajando aún más el nivel del río, lo que permitió a sus tropas cruzar a pie. Ciro dividió entonces su ejército. Dirigió parte de su ejército hacia el oeste, a Sippar, y envió a Gubaru a atacar Babilonia.

Cuando Ciro se acercó a Sippar, la ciudad se rindió el 10 de octubre sin presentar batalla. Los líderes militares que defendían Sippar no apoyaban al rey Nabonides, que había pasado más de la mitad de su reinado fuera del país y había faltado al respeto a su dios Marduk. También es posible que dudaran de su capacidad para defender Sippar, al darse cuenta de que Ciro debía haber conquistado ya Opis al este. Cuando Sippar se rindió a Ciro, Nabonides huyó hacia el sur.

Ajena a la catástrofe del norte, la ciudad de Babilonia celebraba el festival del dios de la luna Sin, que había estado en suspenso

---

[39] *The Chronicle Concerning the Reign of Nabonidus (ABC 7),* Livius, 2020. https://www.livius.org/sources/content/mesopotamian-chronicles-content/abc-7-nabonidus-chronicle/.

todos los años que Nabonides estuvo fuera[40]. No tenían ni idea de que Ciro había cruzado el Tigris, derrotado a Opis, abierto una brecha en la muralla mediana a sesenta millas al norte de Babilonia y tomado Sippar. Con poca resistencia de los babilonios entre Sippar y Babilonia, Gubaru llegó a Babilonia con la velocidad del rayo en solo dos días.

Sin saber que las fuerzas de la coalición persa se acercaban rápidamente, el corregente Belsasar organizó una elaborada cena para mil de sus nobles en la fiesta religiosa. Después de probar el vino, Belsasar ordenó que las copas de oro y plata que Nabucodonosor había tomado del templo de Jerusalén fueran llevadas al palacio para que sus príncipes, esposas y concubinas pudieran beber de ellas.

Entonces, de repente, Belsasar levantó la vista. Todo el color se le fue de la cara y sus piernas cedieron al ver los dedos incorpóreos de una mano humana inscribiendo algo en la pared. El corregente pidió a gritos a sus astrólogos y hechiceros que leyeran la escritura y le dijeran su significado, pero nadie pudo hacerlo. Al oír el clamor, la reina (esposa de Nabonides) se apresuró a entrar en la sala de banquetes, diciendo a su hijo que no estuviera tan pálido y asustado:

«Hay un hombre en tu reino en el que está el espíritu de los dioses sagrados, al que el rey Nabucodonosor hizo maestro de los magos, astrólogos, caldeos y adivinos. El conocimiento, el entendimiento y la interpretación de los sueños se encontraban en el mismo Daniel, a quien el rey llamó Belsasar. Llama a Daniel, y él te dirá lo que significa la escritura»[41].

Para entonces, Daniel era un anciano de más de ochenta años, llevado como cautivo a Babilonia unos sesenta y cinco años antes. Belsasar prometió darle una túnica de púrpura, una cadena de oro alrededor de su cuello, y hacerlo tercero en el reino si interpretaba la escritura en la pared. Daniel respondió:

«¡Conservad vuestros regalos! O dáselos a otro. ¡No habéis honrado al Dios que os da el aliento de vida y controla vuestro destino!

---

[40] *Reinado de Nabonides (ABC 7).*
[41] *Daniel 5,* Tanaj: Ketuvim: Libro de Daniel.

Esto es lo que dice la escritura en la pared: "MENE, MENE, TEKEL, UPHARSIN".

Esta es la interpretación: Dios ha contado los días de tu reino y lo ha terminado. Te ha pesado en la balanza y te ha encontrado falto. Tu reino ha sido dividido y entregado a los medos y a los persas»[42].

Esa noche, las fuerzas persas llegaron al lado oriental del Éufrates, mientras los babilonios bebían y festejaban en las calles, celebrando la fiesta, sin saber de su inminente condena. Normalmente, la profundidad del Éufrates era de unos doce pies en ese lugar, pero, una vez más, los ingenieros persas desviaron el río en un canal, bajando el nivel del agua para que los medos y persas pudieran vadearlo. Irrumpieron a través de la Puerta de Enlil, lanzando un ataque sorpresa contra Babilonia.

«Entonces entraron, y de los que encontraron, algunos fueron abatidos y asesinados, y otros huyeron a sus casas, y algunos levantaron el grito, pero Gubaru y sus amigos cubrieron el grito con sus gritos, como si ellos mismos fueran juerguistas. Y así, abriéndose paso por el camino más rápido, pronto se encontraron ante el palacio del rey.

Allí, el destacamento encontró las puertas cerradas, pero los hombres designados para atacar a los guardias se abalanzaron sobre ellos mientras se encontraban bebiendo alrededor de una hoguera ardiente y cerraron con ellos allí mismo. Como el estruendo era cada vez más fuerte, los que estaban dentro se dieron cuenta del tumulto, hasta que, el rey les ordenó que vieran lo que significaba, algunos de ellos abrieron las puertas y salieron corriendo. Gubaru y sus hombres, al ver que las puertas se abrían de par en par, entraron a toda prisa, pisando los talones a los demás, que huyeron de nuevo, y los persiguieron a punta de espada hasta la presencia del rey.

Lo encontraron de pie con su cimitarra desenvainada. Lo arrollaron por el puro peso del número: y no escapó ni uno solo de su séquito; todos fueron abatidos, algunos volando, otros arrebatando cualquier cosa que les sirviera de escudo y

---

[42] *Daniel 5*, Tanaj: Ketuvim: Libro de Daniel.

defendiéndose como pudieron»[43].

El «rey» asesinado por los hombres de Gubaru fue el regente Baltasar, no su padre el rey Nabonides, según Belsasar (Daniel), un testigo presencial de los hechos: «Esa misma noche Baltasar fue asesinado, y Darío el Medo se hizo cargo del reino a la edad de sesenta y dos años»[44].

El historiador babilónico Beroso dijo que Darío el Medo era el rey medo Ciáxares II, tío de Ciro. Gubaru puede haber sido la misma persona, pero lo más probable es que fuera de menor categoría. Daniel llamó a Darío rey, diciendo que dividió el reino en 120 provincias y nombró sátrapas (gobernadores); esto implica que Darío gobernó todo el imperio temporalmente, no solo Babilonia[45]. La *Crónica de Nabonides* dice que Gubaru designó a los oficiales de distrito de Babilonia como sátrapa designado de Babilonia[46]. Es posible que Ciro haya designado a su tío, el rey Darío de los medos, como regente del imperio mientras terminaba de consolidar el Levante.

¿Qué pasó con Nabonides? La *Crónica de Nabonides* (ABC 7) relata que Nabonides huyó inicialmente tras la rendición de Sippar a Ciro, pero los persas lo capturaron después de que Ciro conquistara Babilonia. Ciro lo trató amablemente y lo envió a vivir a Carmania (Irán)[47].

Ciro llegó con gran fanfarria unas dos semanas después. Las inscripciones persas dicen que el pueblo de Babilonia abrió de par en par las puertas y recibió a Ciro como su libertador con paz, alegría y júbilo. Esta propaganda probablemente encubrió la invasión; sin embargo, los babilonios estaban claramente descontentos con su rey ausente y su despótico regente. La reputación de Ciro de tratar con consideración a las sumisas ciudades conquistadas lo precedía, y pocos babilonios se resistieron a la toma de posesión persa.

Los medos y los persas trataron los lugares religiosos y los

---

[43] Jenofonte, *Ciropaedia: La educación de Ciro,* trans. Henry Graham Dakyns. (Project Gutenberg E-book). https://www.gutenberg.org/files/2085/2085-h/2085-h.htm.
[44] *Daniel 5,* Tanaj: Ketuvim: Libro de Daniel.
[45] *Daniel 6.*
[46] *Reinado de Nabonides (ABC 7).*
[47] Beaulieu, *Reinado de Nabonides,* 231.

templos con el máximo respeto y animaron a los sacerdotes a continuar con los rituales de culto. Ciro ofreció a los magos la primera selección del botín de guerra para consagrarlo a los dioses. Devolvió todas las imágenes de culto de las deidades babilónicas que Nabonides había reunido en Babilonia y adoró públicamente a Marduk, haciéndose querer por los babilonios.

Ciro tomó el título de «rey de Babilonia, Sumer y Acad. Rey de los cuatro rincones de la tierra». Una vez que consolidó Mesopotamia bajo su dominio, conquistó rápidamente el norte de Arabia, Israel y Siria. Ciro revirtió el programa de reubicación de la población que los babilonios y los asirios utilizaban contra las provincias rebeldes. Permitió que los judíos y otros exiliados regresaran a sus hogares en el primer año de su reinado, aunque Daniel y muchos otros permanecieron en Babilonia en puestos de liderazgo. Ciro ordenó la reconstrucción del templo de Jerusalén:

«En cuanto a la casa de Dios en Jerusalén, reconstrúyase el templo donde se ofrecen los sacrificios. Que se mantengan sus cimientos, con una altura de sesenta codos y una anchura de sesenta codos, con tres capas de piedras enormes y una capa de maderas. Y que el costo se pague del tesoro real. Además, que los utensilios de oro y plata de la casa de Dios, que Nabucodonosor tomó del templo de Jerusalén y llevó a Babilonia, sean devueltos y llevados a sus lugares en el templo de Jerusalén; los pondréis en la casa de Dios»[48].

El vasto imperio aqueménida de Ciro se extendía desde Asia Menor hasta el río Indo al final de su vida. Se ganó el corazón de sus nuevos súbditos gracias a su extraordinaria humanidad y respeto por sus culturas. Gobernó Babilonia y sus otros vastos territorios mediante una administración centralizada, con un gobernador (sátrapa) sobre cada provincia. Bajo el dominio persa, Babilonia se convirtió en un centro de conocimiento científico y matemático. Un año antes de morir, en el 530 a. C., Ciro nombró a su hijo Cambises II como rey de Babilonia, mientras él continuaba como rey del imperio.

---

[48] *Esdras 6.* Tanaj: Ketuvim, Libro de Esdras.

Una pintura griega de Darío el Grande

Tras los breves reinados de los hijos de Ciro, Darío I (el Grande) se hizo con el control del Imperio persa. Aprovechando el caos, Babilonia se declaró independiente en el año 521 a. C. bajo el rey Nabucodonosor III, que gobernó durante un año aproximadamente. Darío dirigió un enorme ejército contra Babilonia, donde los ciudadanos lo abuchearon desde las murallas: «¡Capturareis Babilonia cuando las mulas tengan potros!». Normalmente, las mulas son estériles, pero una mula dio a luz después de un infructuoso asedio de veinte meses a Babilonia. Este acontecimiento milagroso impulsó a los persas a tomar Babilonia con éxito. Darío no mostró a los babilonios la misericordia que habían recibido bajo Ciro. Empaló a tres mil ciudadanos importantes y derribó las enormes puertas y defensas de la ciudad[49].

---

[49] Herodoto, *Captura de Babilonia.* Livio. https://www.livius.org/articles/person/darius-the-great/sources/capture-of-babylon-herodotus.

Durante los dos siglos siguientes, como reino vasallo de Persia, Babilonia decayó. Los elevados impuestos y las guerras hicieron que se descuidaran los elegantes templos y los sistemas de canales necesarios para una agricultura adecuada. Surgieron otras dos rebeliones, pero Persia reprimió rápidamente a los renegados. Cuando Alejandro Magno conquistó el Imperio persa en el 331 a. C., Babilonia se convirtió en su hogar y centro de operaciones cuando no dirigía expediciones militares. Adoptó la vestimenta babilónica, veneró los templos y la ciudad floreció durante su breve estancia. Planeó restaurar el zigurat de Babilonia, pero murió inesperadamente en Babilonia antes de poder llevarlo a cabo.

Babilonia mantuvo su vida urbana durante dos siglos de guerras entre los sucesores de Alejandro, pero dejó de ser un centro administrativo o económico. Alejandría, en Egipto, tomó el relevo como centro de la ciencia y las matemáticas del mundo conocido. El templo de Esagila de Babilonia siguió siendo un centro religioso y un destino de peregrinación, pero poco a poco, Babilonia se fue deteriorando. Cuando los musulmanes invadieron Babilonia a mediados del siglo VII de nuestra era, Babilonia se había reducido a una simple aldea. Las ruinas de la otrora majestuosa ciudad eran una fuente de ladrillos para la construcción en otros lugares.

Capítulo 8: Sociedad babilónica y gobernantes famosos

Babilonia fue un imperio majestuoso, fundamental en la historia del antiguo Oriente Medio, pero la historia es siempre sobre las personas. Desde los que vivían en los palacios hasta los plebeyos de las tiendas y las granjas, los habitantes de Babilonia fueron importantes en su triple ascenso y caída. Ya hemos hablado de las hazañas de muchos de sus líderes, pero ¿qué hay de sus ciudadanos de a pie? ¿Cuál era su estructura social y cómo vivían su vida cotidiana? ¿Cómo desarrollaron los babilonios la tecnología militar? ¿Qué más podemos aprender sobre sus famosos líderes? Aparte de las grandes conquistas, ¿cómo eran como personas?

El código de leyes de Hammurabi, del que hablaremos más extensamente en el capítulo nueve, nos ofrece una visión fascinante de la vida familiar babilónica y de la situación legal de las mujeres[50]. Por ejemplo, si una mujer era sorprendida en adulterio, ella y su amante serían ahogados en el río a menos que su marido la perdonara. Si alguien acusaba a una mujer de adulterio, pero sin pruebas, podía «saltar al río»: si se ahogaba, era culpable, pero si sobrevivía, era inocente.

---

[50] *El Código de Hammurabi*, trans. L.W. King (The Avalon Project: Documents in Law, History, and Diplomacy. Facultad de Derecho de Yale: Lillian Goldman Law Library). https:/avalon.law.yale.edu/ancient/hamframe.asp.

Si un hombre violaba a una chica virgen prometida a otro hombre, el violador recibía la pena de muerte, pero la chica era considerada inocente. Si un hombre abandonaba a su mujer y esta se iba a vivir con otro hombre, el marido no podía reclamar a su mujer si él regresaba.

Este bajorrelieve de un hombre y una mujer data de la época de la antigua Babilonia
Osama Shukir Muhammed Amin FRCP(Glasg), CC BY-SA 4.0
https://creativecommons.org/licenses/by-sa/4.0/ vía Wikimedia Commons;
https://commons.wikimedia.org/wiki/File:Man_and_woman,_Old-
Babylonian_fired_clay_plaque_from_Southern_Mesopotamia,_Iraq.jpg

Cuando una mujer se casaba, su marido pagaba el «precio de la novia» a su padre y este le daba una dote. El marido no tenía derecho a la dote para su propio uso: era para sus hijos. Si un hombre se separaba de la madre de sus hijos, tenía que devolverle la dote y darle el beneficio de parte de su campo y jardín para mantener a los niños. Una vez que sus hijos crecían, él tenía que proporcionarle un pago, y entonces ella podía casarse con «el hombre de su corazón». Si la pareja no tenía hijos, al marido le bastaba con devolverle la dote para divorciarse de ella. El único caso en el que un hombre podía divorciarse de su esposa sin devolverle la dote era si ella era una esposa deficiente, que acumulaba deudas y descuidaba a su marido y su hogar.

Un hombre podía tomar una segunda esposa si su primera esposa no podía concebir, pero la primera esposa tenía un estatus más alto que la segunda. Si una esposa enfermaba crónicamente, el marido podía tomar una segunda esposa, pero tenía que permitir que su primera esposa viviera en su casa y la cuidara mientras viviera. Ella podía marcharse si lo deseaba, pero él tenía que devolverle la dote. Un hombre podía tener una esposa y también mantener relaciones sexuales con una criada en su casa. Si reconocía a los hijos de la criada como propios, tanto sus hijos legítimos como los hijos de la criada recibirían partes iguales de su patrimonio. Un hombre debía proporcionar una dote y organizar el matrimonio de su hija con una concubina.

¿Qué pasaba si un hombre tenía varios hijos y arreglaba matrimonios para ellos (pagando sus precios de novia), pero moría antes de negociar una unión para el hijo menor? En ese caso, los hermanos mayores tenían que apartar dinero para el precio de la novia de su hermano menor antes de dividir la propiedad entre ellos; también tenían que arreglar un matrimonio para su hermano.

La jerarquía social babilónica tenía cinco estratos principales: la nobleza, la clase media, los agricultores terratenientes, los agricultores arrendatarios y las personas esclavizadas. La élite *awilum* o *mar bane* (nobleza y clase alta) eran «hombres libres» de la familia real, administradores principales, militares de alto rango, sacerdotes y sacerdotisas de alto rango (a menudo miembros de la familia real) y propietarios de grandes haciendas.

El término *muškenum* en el código de Hammurabi parecía referirse a cualquier persona que se encontrara en el estatus medio entre la clase de élite *awilum* y la *wardum*, o los esclavos. Esta clase media incluía a los escribas, los sacerdotes y sacerdotisas de menor rango, los comerciantes, los artesanos cualificados y los agricultores. Los agricultores regulares eran propietarios de parcelas más pequeñas, y a menudo cumplían una doble función: servir en los rangos militares inferiores y volver a casa a tiempo para la siembra y la cosecha. Los agricultores arrendatarios trabajaban los campos de las grandes haciendas. El terrateniente solía proporcionar el alojamiento, y la cosecha del arrendatario se dividía en tres partes: una parte para los impuestos, otra para el terrateniente y otra para el agricultor arrendatario.

Los esclavos (*wardum*) ocupaban el lugar más bajo en la sociedad babilónica, y una persona podía ser esclavizada de dos maneras. Una era ser capturado en la guerra, pero normalmente los babilonios solo traían de vuelta a los escribas y a los artesanos altamente cualificados. Si un hombre tenía una deuda que no podía pagar, podía venderse a sí mismo, a su esposa o a sus hijos como esclavos. Trabajarían durante tres años para la persona que los comprara y quedarían libres al cuarto año.

Dar cobijo a un esclavo fugitivo significaba la pena de muerte, pero si un hombre devolvía a su dueño a un esclavo fugitivo, el dueño tenía que pagar dos siclos. Si un hombre esclavizado se casaba con una mujer libre, sus hijos serían libres. Si un esclavo casado con una mujer libre moría más tarde, tenía que dar la mitad de su dote y cualquier riqueza acumulada del matrimonio al dueño de su marido. Si una persona esclavizada moría accidentalmente o resultaba gravemente herida, la pena para el infractor era menor que para una persona libre.

A lo largo de su historia, el comercio fue intrínseco a la economía babilónica. Los traslados de población de los rebeldes conquistados a Babilonia, primero por los asirios y después por Nabucodonosor II, crearon grupos étnicos de babilonios con sólidos vínculos con sus tierras de origen. Se integraron en el medio social y comercial babilónico, pero mantuvieron el contacto con sus tierras de origen, con los conocimientos lingüísticos y los valiosos contactos intrínsecos al comercio.

Incluso antes de los cambios masivos de población, los mesopotámicos comerciaban con el Mediterráneo oriental, Armenia, Elam y puntos del golfo Pérsico. El fértil sistema fluvial de Mesopotamia proporcionaba un excedente de alimentos que los babilonios cambiaban por madera, metal y artículos de lujo como piedras preciosas y semipreciosas, tintes e incienso. Los patios de los templos babilónicos servían de mercado, y los sacerdotes y sacerdotisas se encontraban entre los principales compradores de artículos de lujo para adornar los templos.

Miles de tablillas de arcilla con escritura cuneiforme y alfabeto arameo ilustran el nivel de alfabetización de los babilonios. La comunicación escrita incluía cartas, himnos, oraciones, inscripciones en monumentos, registros de ventas e inventarios, anales de historia, códigos legales, transacciones de propiedades y documentos legales. Una parte de la sociedad babilónica sabía leer y escribir, y todos los demás contrataban escribas. Los jóvenes de las familias más ricas recibían clases en casa o asistían a escuelas privadas, a menudo en los templos.

En el imperio neobabilónico, los escribas debían aprender tanto la escritura cuneiforme como la aramea y dominar varias lenguas. Practicaban copiando tablillas antiguas y transcribiendo los dictados de sus maestros. Uno de los deberes de los escribas era preservar la literatura antigua de los sumerios, acadios, asirios y babilonios antiguos; los escribas traducían y copiaban estos anales históricos, mitos, oraciones y otra literatura.

¿Qué idioma hablaban los babilonios? Las lenguas acadia, asiria, babilónica, árabe y hebrea pertenecían a la familia de las lenguas semíticas. Sin embargo, las lenguas escritas asiria y babilónica eran tan parecidas al acadio que la mayoría de los lingüistas las clasifican como dialectos del acadio, aunque las lenguas habladas pueden haber sido más distintas. A lo largo de la historia de Babilonia, el pueblo habría hablado babilonio-acadio; probablemente también hablaban sumerio en la primera dinastía babilónica. No sabemos qué idioma hablaban los babilonios de la época casita, pero escribían en sumerio y acadio.

El arameo, otra lengua semítica hablada inicialmente en Siria, fue ganando terreno. Los neoasirios utilizaron el arameo como segunda lengua oficial, y acabó sustituyendo al acadio, convirtiéndose en la lengua hablada y escrita estándar del Imperio neobabilónico. El alfabeto arameo era mucho más fácil de leer y escribir que el antiguo cuneiforme, que requería un carácter distintivo para cada palabra. Había que memorizar al menos seiscientos caracteres para la alfabetización básica en cuneiforme, pero el arameo escrito solo utilizaba veintidós letras, todas consonantes.

El rey caldeo Marduk-apla-iddina (722-710 a. C.) y su ayudante llevando faldas hasta los tobillos con largas fajas. El rey lleva un sombrero cónico
https://commons.wikimedia.org/wiki/File:Marduk-apla-iddina_II.jpg

¿Cómo vestían los babilonios? Tanto los hombres como las mujeres llevaban largas túnicas o faldas que a menudo caían en hileras. A veces, la túnica subía por encima de un hombro como una toga y estaba adornada con flecos. En verano o cuando realizaban trabajos pesados, los hombres llevaban una simple falda hasta la rodilla e iban con el torso desnudo. Los hombres solían llevar sombreros cónicos o en forma de cuenco y largas barbas, elaboradamente trenzadas o rizadas si eran de clase alta. Llevaban el pelo hasta los hombros, también a menudo trenzado o rizado.

Las mujeres también llevaban el pelo rizado o trenzado hasta los hombros. La parte superior de la túnica cubría los pechos y a veces era de tipo bandeau, con uno o ambos hombros al descubierto, pero más a menudo con un modesto escote redondeado. Las túnicas podían tener mangas cortas, largas o sin mangas. Tanto los hombres como las mujeres llevaban pendientes, diademas, pulseras y collares de oro y metales preciosos.

Esta mujer con un bebé en brazos de la época de la antigua Babilonia lleva una túnica de cuerpo entero y una melena con un elaborado trenzado hasta los hombros
Foto modificada: ampliada. Crédito: Osama Shukir Muhammed Amin FRCP(Glasg), CC BY-SA 4.0 https://creativecommons.org/licenses/by-sa/4.0/ vía Wikimedia Commons; https://commons.wikimedia.org/wiki/File:Old-Babylonian_plaque_of_a_standing_woman_holding_her_child,_from_Southern_Mesopotamia,_Iraq.jpg

El ejército de Babilonia asimiló algunas de las tácticas utilizadas por los sumerios, acadios y asirios, pero a menudo añadió sus propios detalles. En general, los reyes y comandantes militares de Babilonia no eran tan crueles como algunos de los notorios reyes asirios o el rey Rimush de Acadia. No solían torturar a las poblaciones conquistadas o rebeldes ni aniquilar a grandes poblaciones. La excepción fue cuando se aliaron con los escitas, medos y partos para la derrota final de Asiria.

Curiosamente, en dos ocasiones en las que se aliaron con estas tribus, llegaron tarde a la batalla, después de que sus aliados hubieran roto las defensas de la ciudad y estuvieran saqueando los templos y palacios. Tal vez los babilonios tardaron en reunir sus tropas. Pero tal vez fueron astutos: ¿por qué poner en peligro a sus propios hombres y caballos cuando sus compañeros estaban ansiosos por hacer la parte peligrosa de eliminar a sus enemigos?

Una táctica común utilizada por los militares babilonios era desviar los ríos hacia los canales de riego existentes o hacia los nuevos canales que ellos mismos excavaban. Esto les permitía cruzar incluso grandes ríos como el Tigris y el Éufrates. Una estrategia muy utilizada para conquistar una ciudad era inundarla de dos maneras: represando y liberando repentinamente el agua del río o desviando el río para que fluyera hacia la ciudad. En más de una ocasión, se defendieron de los asirios invasores redirigiendo el río y el sistema de canales para formar un lago alrededor de sus propias fuerzas.

Aparte de sus innovadoras tácticas militares, ¿qué más podemos saber de los famosos gobernantes de Babilonia? Hammurabi, el famoso conquistador del antiguo Imperio babilónico, escribió uno de los códigos legales más antiguos y complejos del mundo, pero también se dedicó a destacados proyectos de construcción que pusieron a Babilonia en el mapa. Transformó Babilonia promoviendo al dios Marduk y construyendo majestuosos templos, palacios y murallas. Lo que antes era una pequeña ciudad humilde y anodina se convirtió en una impresionante metrópolis que usurpó la posición de Nippur como «ciudad santa» de Mesopotamia y se convirtió en la capital política de Sumer y Acad.

Hammurabi gobernó de 1792 a 1750 a. C. (cronología media)

La promoción de Marduk por parte de Hammurabi, que pasó de ser un oscuro dios de la ciudad a la deidad suprema del panteón, resultó problemática para el dios: era constantemente robado. Es decir, su imagen de culto (ídolo) era robada, pero los mesopotámicos creían que sus dioses habitaban en las estatuas. Si alguien retiraba la imagen de culto de un dios de la ciudad, significaba que el dios había abandonado la ciudad, lo que traería todo tipo de desgracias. Aunque era un dios, Marduk no podía volver por sí mismo. Tuvo que esperar meses o incluso años antes de que alguien lo trajera de vuelta a Babilonia.

Rescatar a Marduk fue una de las cosas por las que fue famoso el rey Nabucodonosor I. Aunque no es tan conocido como su homónimo neobabilónico Nabucodonosor II, el primer Nabucodonosor fue un rey de Isin que conquistó y gobernó Babilonia desde 1121 hasta 1100 a. C. Su rescate de Marduk, robado anteriormente por los elamitas, está inmortalizado en la *Epopeya de Nabucodonosor I*[51]. La *Profecía de Marduk* también habla de los viajes de Marduk a diferentes puntos fuera de

---

[51] *Textos cuneiformes de las tablillas babilónicas del Museo Británico: Parte XIII* (Piccadilly: Longmans and Co., 1901), 54. https://www.yumpu.com/en/document/read/18926135/babylonian-tablets-c.

Babilonia[52]. Aunque Marduk disfrutó de su estancia con los hititas y los asirios, Elam le resultó desagradable. Profetizó su regreso a Babilonia a través de un rey celoso que vengaría el saqueo de Babilonia y el robo de Marduk, y ese rey resultó ser Nabucodonosor I.

Nabopolasar, el «Vengador de Acad», es conocido principalmente por haber aplastado a Asiria para siempre y por haber iniciado el Imperio neobabilónico en el año 626 a. C. Pero los babilonios, e incluso los griegos, recordaban a Nabopolasar por su piedad, imparcialidad e integridad. Ascendió al poder desde la oscuridad, gracias al patrocinio de Marduk y al apoyo de los sacerdotes y nobles de Babilonia. Los babilonios, los helenistas e incluso el historiador judío Josefo lo retrataron como un rey justo que reverenciaba profundamente a Marduk. Los babilonios y el propio Nabopolasar concluyeron que su devoción lo elevó a la realeza, permitiéndole liberar a Babilonia y conquistar a los asirios cuando los reyes anteriores habían fracasado:

«Šazu percibió mis intenciones, y me colocó a mí, el insignificante que ni siquiera era notado entre el pueblo, en la posición más alta de mi país natal. Me llamó al señorío sobre la tierra y el pueblo»[53].

El hijo de Nabopolasar, Nabucodonosor II, fue la estrella brillante de Neobabilonia, aunque no siempre hizo gala de la humildad de su padre. El relato de Daniel en el Tanaj cuenta cómo pagó el precio de su orgullo e impiedad:

«Una noche, tuve un sueño que me aterrorizó. Cuando entraron todos los magos, encantadores, astrólogos y adivinos, les conté el sueño, pero no pudieron decirme qué significaba. Por fin, Daniel entró ante mí y le conté el sueño. (Se llamaba Belsasar, como mi dios, y el espíritu de los dioses santos está en él)»[54].

Nabucodonosor le contó a Belsasar su sueño de un gran árbol que llegaba hasta el cielo, cargado de frutos para todo el mundo y

---

[52] Joshua J. Mark, "The Marduk Prophecy", *World History Encyclopedia* (2016). https://www.worldhistory.org/article/990/the-marduk-prophecy.
[53] Rocío Da Riva, "The Figure of Nabopolassar in Late Achaemenid and Hellenistic Historiographic Tradition: BM 34793 and CUA 90", *Journal of Near Eastern Studies* 76, no. 1. https://www.journals.uchicago.edu/doi/full/10.1086/690464.
[54] *Daniel 4.* Tanaj, Navi, Libro de Daniel.

que daba sombra y protección a todos. Pero entonces oyó una voz del cielo que le decía que cortara el árbol, pero que dejara el tronco. Cuando Belsasar escuchó el sueño de Nabucodonosor, se horrorizó:

«¡Desearía que los eventos presagiados en este sueño les ocurran a sus enemigos, mi señor, y no a usted! Ese árbol, Su Majestad, es usted. Os habéis hecho fuerte, y vuestra grandeza llega hasta el cielo y vuestro dominio hasta los confines de la tierra.

Esto es lo que significa el sueño, Su Majestad, y lo que el Altísimo ha declarado que le sucederá a mi señor el rey. Os expulsarán de la sociedad humana y viviréis en los campos con los animales salvajes. Comerás hierba como una vaca, y serás empapado con el rocío del cielo.

Pasarán siete periodos de tiempo mientras viva así, hasta que aprenda que el Altísimo gobierna los reinos del mundo y se los da a quien él quiera. Pero el tocón y las raíces del árbol quedaron en la tierra, y esto significa que volveréis a recibir vuestro reino cuando hayáis aprendido que el cielo gobierna»[55].

El grabado en relieve de William Blake representa la locura de Nabucodonosor contada por Daniel

https://commons.wikimedia.org/wiki/File:William_Blake_-_Nebuchadnezzar_(Tate_Britain).jpg

---

[55] *Daniel 4*, Tanaj, Navi, Libro de Daniel.

El sueño se hizo realidad doce meses después, cuando Nabucodonosor contemplaba con orgullo Babilonia desde el tejado de su palacio, presumiendo de su poder, de la hermosa ciudad que había construido y de su majestuoso esplendor. Perdió la cordura y se arrastró por los campos, comiendo hierba como un animal «hasta que su pelo fue tan largo como las plumas de las águilas y sus uñas eran como las garras de las aves». Finalmente, cuando recuperó la razón, Nabucodonosor reconoció y alabó a Dios, que lo restauró como cabeza del reino.

Muchos expertos descartan el relato de Belsasar en el *Tanaj* debido a la falta de otros registros babilónicos que corroboren la locura de Nabucodonosor o un período de siete meses (o siete años) de ausencia de Babilonia. Algunos historiadores creen que el relato se refiere en realidad a Nabonides, el último rey de los neobabilonios, que pasó diez años en el exilio en Tayma, Arabia. El *Relato en versos de Nabonides* alude a una enfermedad mental[56]. La *Oración de Nabonides*, encontrada en los Rollos del mar Muerto, decía: «Estuve afligido durante siete años... y un exorcista perdonó mis pecados. Era un judío de entre los hijos del exilio de Judá»[57].

Belsasar (Daniel) era un exiliado de Judá, estaba vivo en la época de Nabonides, y puede haber sido el que ministró a Nabonides. Sin embargo, un texto cuneiforme muy dañado que se encuentra en el Museo Británico da a entender que Nabucodonosor experimentó un quiebre mental. Dejó de valorar su vida, dio órdenes confusas, descuidó a sus hijos y a su familia y perdió el interés por el templo de Esagila y por los asuntos de Babilonia.

El texto dice que los babilonios dieron «malos consejos» a Evil-Merodach (Amel-Marduk, hijo de Nabucodonosor)[58]. El hijo de Nabucodonosor, Nabû-šuma-ukīn (que se cree que es Amel-Marduk) participó en un golpe de estado contra Nabucodonosor y fue arrojado a la cárcel[59]. ¿Por qué su hijo y sus nobles buscarían

---

[56] *Relato en verso de Nabonides,* trans A. Leo Oppenheim. Livius.
https://www.livius.org/sources/content/anet/verse-account-of-nabonidus/.
[57] *Oración de Nabonides (4Q242).* Livius.
https://www.livius.org/sources/content/dss/4q242-prayer-of-nabonidus/.
[58] A. K. Grayson, *Babylonian Historical-Literary Texts: Toronto Semitic Texts and Studies, 3* (Toronto: University of Toronto Press, 1975), 87-92.
[59] Irving Finkel, "The Lament of Nabû-šuma-ukīn", in *Focus Mesopotamischer*

suplantar a Nabucodonosor? ¿Dónde estaba Nabucodonosor mientras esto ocurría? ¿Qué desestabilizó a Babilonia en esta última parte del reinado de Nabucodonosor? Solo han sobrevivido cuatro inscripciones que documentan las actividades de Nabucodonosor en este período, en comparación con más de cincuenta en sus primeros diez años.

En todo caso, los notorios reyes de Babilonia eran individuos complejos y polifacéticos que luchaban contra la humildad y la solidez mental. Fueron impulsados a la grandeza por su capacidad de pensar de forma diferente e innovadora. A veces, experimentaron éxitos espectaculares; otras veces, la gente pensó que estaban experimentando quiebras mentales, y quizás algunos lo estaban. Cuando un rey lograba triunfos asombrosos y todo el mundo se arrojaba al suelo en señal de adoración cuando entraba en la sala, mantenerse con los pies en la tierra era todo un reto.

Geschichte, Wiege früher Gelehrtsamkeit, Mythos in der Moderne. (Saaerbrücken, 1999), 323-341.

Capítulo 9: Cultura e innovación

El poderío babilónico generó asombrosos avances en las artes, las ciencias y el derecho. Sus bibliotecas albergaban impresionantes colecciones de literatura de todo Oriente Medio, y sus mosaicos y su distintiva arquitectura no tenían parangón. Lograron avances inimaginables en el conocimiento de la medicina, las matemáticas, la astronomía y los conceptos del tiempo. Sus códigos legales sirvieron de prototipo para las generaciones venideras.

Babilonia albergó las primeras bibliotecas conocidas del mundo. Sin embargo, los asirios no tardaron en imitar a sus vecinos del sur, con copias de la literatura babilónica almacenadas en la biblioteca del palacio de Asurbanipal en Nínive. Una impresionante colección babilónica de setenta tablillas sobre astronomía y astrología data del año 2000 a. C. y trata sobre los movimientos de los cometas, la estrella del norte (Polaris) y Venus. Otras colecciones dignas de mención incluían fórmulas matemáticas, como las raíces cúbicas. Las bibliotecas contenían fascinantes crónicas históricas y literatura famosa: poemas, himnos y relatos épicos.

La excavación de un templo en Sippar descubrió cincuenta mil tablillas de arcilla, que catalogaban principalmente transacciones comerciales, asuntos administrativos y correspondencia privada. Sin embargo, también incluía una respetable colección literaria con una narración del Gran Diluvio y textos religiosos vitales, incluyendo conjuros, himnos y oraciones. Los documentos demuestran que el templo contaba con una escuela en la que se enseñaba a leer, a escribir y a hacer cuentas. Los arqueólogos descubrieron colecciones similares en un templo de Nippur.

Una de las obras literarias babilónicas más aclamadas, y posiblemente la más antigua del mundo, es la *Epopeya de Gilgamesh*. La copia completa más antigua de la epopeya data de alrededor del año 1800 a. C., pero cinco poemas sumerios de alrededor del año 2100 a. C. cuentan parte de la historia, y es probable que haya tenido una historia oral que se remonta aún más atrás. La cautivadora epopeya trata sobre el rey Gilgamesh, un rey real de Uruk (según las inscripciones antiguas y la *Lista Real Sumeria*), aunque la historia contiene elementos fantásticos.

En la leyenda, Gilgamesh era en parte humano y en parte divino, con una fuerza y una belleza inigualables. Sin embargo, tenía un lado oscuro: reclamaba el «derecho de la primera noche», forzando a las novias vírgenes de Uruk el día de su boda. Cuando el pueblo de Uruk se quejó de esta injusticia a los dioses, estos crearon a Enkidu, un salvaje peludo tan fuerte como Gilgamesh. Vagaba por las llanuras con los rebaños salvajes, comiendo hierba.

Un trampero vio a Enkidu abriéndose paso entre los animales en el abrevadero. Asustado, se apresuró a ir a casa a contarle a su padre lo del hombre salvaje; ¡sin duda era él quien había estado liberando a los animales de sus trampas! Su padre le dijo que consiguiera que Shamhat, la prostituta, domara a esta criatura salvaje. Así podrían utilizarlo como campeón contra su odiado rey Gilgamesh.

Shamhat aceptó el plan y salió al abrevadero; cuando Enkidu apareció, ella abrió su vestido. Una mirada a la hermosa figura de Shamhat y Enkidu se olvidó de todo menos de mantener relaciones sexuales con ella durante los siguientes siete días. Pero ahora, sus amigos animales huyeron al verlo. Shamhat enseñó a Enkidu a comer comida humana, ¡y disfrutó especialmente de sus primeras rondas de cerveza!

Shamhat invitó a Enkidu a ir con ella a Uruk, diciéndole que necesitaban ayuda para derrocar a su malvado rey. Le dijo que esa noche se celebraba una boda y que el rey Gilgamesh iba a forzar a la novia. Enkidu entró en Uruk para defender a la novia y se apostó frente a su puerta, negándose a dejar entrar a Gilgamesh. Los dos hombres se abalanzaron el uno sobre el otro y lucharon ferozmente, pero eran igual de fuertes y ninguno pudo vencer al otro. Retrocedieron, exhaustos, se miraron, se besaron y se hicieron amigos.

Se entusiasmaron tanto con lo que podían hacer con su fuerza combinada que se olvidaron de la novia y tramaron matar al monstruo Humbaba, guardián del bosque de cedros del Líbano. Marcharon rápidamente hacia el Líbano, y cuando llegaron, Humbaba se mofó de ellos: «¡Daré de comer vuestros cuerpos a los buitres chillones!».

Pero los dos poderosos mataron a Humbaba, cortándole la cabeza. Construyeron una balsa y navegaron de vuelta a Uruk, pero la diosa Ishtar vio a Gilgamesh bañándose justo antes de llegar a Uruk. Cuando sacudió sus largos rizos, se sintió atraída por la lujuria y gritó: «¡Gilgamesh! Ven, sé mi esposo».

Gilgamesh se rio: «¿Dónde están todos tus otros novios? ¿Dónde está Tammuz, tu pastor? Lo envías al Hades la mitad de cada año».

Enfurecida, Ishtar voló hasta su padre Anu en el cielo. «¡Padre! ¡Gilgamesh se burló de mí repetidamente! ¡Dame el Toro del Cielo, o abriré las puertas del inframundo y los zombis saldrán a comerse a los vivos!».

Anu le dio el Toro del Cielo, e Ishtar lo condujo a Uruk. El toro resopló, el suelo se abrió y cien hombres cayeron al abismo. Una segunda vez, el Toro resopló, y doscientos hombres cayeron en un segundo agujero. La tercera vez que el toro resopló, Enkidu empezó a caer, pero rápidamente se agarró a los cuernos del toro. «¡Rápido, Gilgamesh! Apuñala al toro».

Cuando Ishtar vio que su Toro estaba muerto, gritó maldiciones desde el muro de Uruk, pero Enkidu le lanzó el cuarto trasero del Toro. Los dioses, horrorizados, deliberaron y decidieron que debían ejecutar a uno de los hombres; ¡se estaban descontrolando y matando a los animales divinos! A pesar de que Gilgamesh había sido el que mató tanto a Humbaba como al Toro del Cielo, los dioses condenaron a muerte a Enkidu.

Gilgamesh mata al Toro del Cielo

Royal Museums of Art and History, dominio público, vía Wikimedia Commons;
https://en.wikipedia.org/wiki/Bull_of_Heaven#/media/File:O.1054_color.jpg

Con lágrimas en los ojos, Gilgamesh lloró a Enkidu durante seis días y siete noches, sin dejar que nadie enterrara a su amigo hasta que un gusano cayó de la nariz de Enkidu. Horrorizado, Gilgamesh pensó en su propia mortalidad: ¡un día yacería muerto como Enkidu! Partió en busca de Utnapishtim, que había construido el arca para salvar a la gente y a los animales del Gran Diluvio. Utnapishtim seguía vivo después de tantos siglos, y Gilgamesh quería aprender la clave de la inmortalidad.

Gilgamesh subió a la cima más alta, el monte Mashu, y luego hizo un túnel a través de doce aterradoras leguas de oscuridad total.

Salió a la luz brillante y navegó por las Aguas de la Muerte hasta llegar a la tierra de Utnapishtim. «¿Por qué pareces tan desolado?», preguntó el patriarca.

«¿Cómo no voy a desesperar? —preguntó Gilgamesh—. ¡Mi mejor amigo ha muerto! No puedo quedarme callado. ¿No correré yo la misma suerte? Debo saber, ¿cómo descubriste la inmortalidad?».

Utnapishtim contó su historia: «Cuando Anu planeó inundar toda la tierra, el dios Ea me habló a través de la pared de mi casa de juncos. Me dijo que construyera una barca y metiera a todos los animales dentro. Cuando construí la barca y la cubrí con betún, empezó a llover. Llovió durante seis días y siete noches, cubriendo a la gente e incluso las montañas. Finalmente, el viento y la lluvia cesaron, y el arca se posó en el monte Nimush.

«Después de siete días, solté una paloma, que voló alrededor, pero volvió a mí, incapaz de encontrar un lugar donde posarse. Más tarde, solté una golondrina, pero regresó. Por último, solté un cuervo, que se fue volando para no volver. Dejé salir a los animales del arca y sacrifiqué una oveja a los dioses. En ese momento, el dios Enlil nos dotó a mi esposa y a mí de inmortalidad».

Utnapishtim le habló a Gilgamesh de una planta única que crecía bajo el mar y que daba vida eterna. Atando piedras a sus pies, Gilgamesh se sumergió en el mar, descubrió la planta mágica, la cortó, luego desató las piedras y nadó hasta la superficie. Pero al volver a casa con la planta de la eternidad, se detuvo a bañarse en un manantial, ¡y una serpiente le robó la planta! Gilgamesh se desplomó en el suelo, llorando. Finalmente, viajó a su casa en Uruk, dándose cuenta de que su legado continuaría a través de su ciudad, aunque él muriera.

Además de su notable literatura, el imperio neobabilónico provocó un renacimiento cultural de arte exquisito y arquitectura impresionante, con templos majestuosos de paredes de colores brillantes. El historiador griego Heródoto dijo que Babilonia era la ciudad más impresionante de su época, con unas murallas tan anchas que los carros podían pasar por encima. Los tres palacios y templos brillaban con ladrillos vidriados en amarillo y azul, adornados con brillantes mosaicos de leones, dragones y caballos.

Sobre el resto de la ciudad se alzaba el zigurat de Etemenanki, de noventa y un metros de altura, el «fundamento del cielo en la tierra». Los zigurats mesopotámicos eran estructuras altas y masivas en terrazas que formaban parte de los complejos de templos de sus ciudades. El Etemenanki tenía un santuario de Marduk en su cima y estaba junto al templo de Esagila. El Etemenanki habría sido una de las estructuras más altas del mundo en su época, con sus lados en terrazas que parecían escalones hacia el cielo.

¿Fue el zigurat de Etemenanki la Torre de Babel?

Los amorreos probablemente construyeron el zigurat original durante el período de la Antigua Babilonia (1894-1595 a. C.), cuando Babilonia era probablemente la mayor ciudad del mundo. Al igual que otros zigurats mesopotámicos, probablemente fue remodelado y reconstruido varias veces a lo largo de los siglos. El rey asirio Senaquerib se jactó de destruirlo en el 689 a. C. Nabucodonosor II completó la estructura final después de cuarenta y tres años de trabajo durante el Imperio neobabilónico, cuando Babilonia era probablemente de nuevo la ciudad más grande del mundo. Nabucodonosor II informó que él y dos de sus hijos incluso participaron en el proyecto de construcción (al menos ritualmente):

«Me arremangué el traje, mi túnica real, y llevé sobre mi cabeza ladrillos y tierra. Mandé hacer cestas de tierra de oro y plata e hice que Nabucodonosor, mi hijo primogénito, amado de mi corazón, llevara junto a mis obreros tierra mezclada con vino, aceite y trozos de resina. Hice que Nabûsumilisir, su hermano, un muchacho, producto de mi cuerpo, mi querido hijo menor, tomara el azadón y la pala. Le cargué con un cesto de tierra de oro y plata y se lo regalé a mi señor Marduk. Construí el edificio, la réplica de E-Sarra, con alegría y júbilo y levanté su cima tan alta como una montaña»[60].

Muchos expertos creen que el anterior zigurat Etemenanki era la Torre de Babel, que según la Torá se construyó tras el Diluvio Universal:

«Cuando el pueblo emigró hacia el este, encontró una llanura en la tierra de Shinar (Babilonia) y se estableció allí. Se dijeron: "Hagamos ladrillos y endurezcámoslos con fuego".

Luego dijeron: "Vengan, construyamos una gran ciudad para nosotros con una torre que llegue hasta el cielo. Esto nos hará famosos y evitará que seamos dispersados por todo el mundo".

Pero el Señor bajó a ver la ciudad y la torre que el pueblo estaba construyendo. "Mira", dijo. "El pueblo está unido y todos hablan la misma lengua. Después de esto, nada de lo que se propongan les resultará imposible. Vamos, bajemos y confundamos a la gente con diferentes idiomas. Así no podrán entenderse".

Así, Yahveh los dispersó por todo el mundo, y dejaron de construir la ciudad. Por eso la ciudad se llamó Babel, porque allí el Señor confundió a los pueblos con lenguas diferentes. Así los dispersó por todo el mundo»[61].

Nabucodonosor II no solo construyó el zigurat de Etemenanki, sino también los Jardines Colgantes de Babilonia. Filón de Bizancio alabó los jardines en una antigua guía turística griega, *Sobre las siete maravillas*, escrita en el 225 a. C. Otros historiadores que hablaron de haber visto los Jardines Colgantes fueron Calímaco de Cirene

---

[60] Andrew George, "The Tower of Babel: Archaeology, History and Cuneiform Texts", *Archiv für Orientforschung* 51 (2005/2006): 75-95. https://eprints.soas.ac.uk/3858/2/TowerOfBabel.AfO.pdf.
[61] *Génesis 11*, Tanaj: Torá: Libro de Bereishit.

(310-340 a. C.), Beroso de Babilonia (siglo III a. C.), Antípatro de Sidón (siglo II a. C.) y Diodoro Sículo (siglo I a. C.).

Describen los jardines como ingeniosamente dispuestos en un enrejado de cañas sobre vigas de palmeras sostenidas por columnas de piedra. Todo tipo de flores y árboles crecían en el aire en gradas ascendentes y eran regados por un sistema de bombas que traían el agua desde el río. Aunque los arqueólogos aún no han descubierto los restos de los jardines, las pruebas literarias con descripciones detalladas abogan por la existencia del jardín, no solo en la época neobabilónica, sino también en la posterior época persa.

Beroso escribió que Nabucodonosor II construyó los Jardines Colgantes de Babilonia para complacer a su esposa Amytis, que echaba de menos las montañas de su patria iraní
https://commons.wikimedia.org/wiki/File:Hanging_Gardens_of_Babylon_by_Ferdinand_Knab_(1886).png

Los babilonios igualaron su genio artístico con sorprendentes avances en medicina, astronomía y matemáticas. Los babilonios produjeron textos médicos ya en la dinastía amorrea original (1894-1595 a. C.). Esagil-kin-apli, el principal erudito del rey Adad-apla-iddina (1067-1046 a. C.), escribió el *Sakikkū* o *Manual de Diagnóstico*, de cuarenta tablas, que introduce los conceptos de diagnóstico, pronóstico, etiología, terapia y prescripción. Una farmacia babilónica inventarió unos quinientos medicamentos alrededor del año 1000 a. C.

El *Manual de Diagnóstico* adoptaba un enfoque sobrenatural de la medicina, incluyendo los presagios que un médico podía encontrar. Registraba los síntomas y el tratamiento de los problemas neurológicos que se creían asociados a fuerzas demoníacas que requerían exorcismo, como los trastornos de los ganglios basales, los tumores y traumatismos cerebrales, la epilepsia, las deficiencias motoras, el tétanos y los accidentes cerebrovasculares. Esagil-kin-apli también escribió sobre problemas de la piel, fiebre, cuidados ginecológicos, embarazo, parto y enfermedades infantiles.

Los médicos perfeccionaron sus técnicas quirúrgicas y sus conocimientos sobre el cuidado de las heridas a lo largo de la historia de Babilonia. Aunque no disponían de hospitales para múltiples pacientes, los médicos trataban a los pacientes en clínicas más pequeñas, con camas para los que requerían atención nocturna. Las cirugías incluían el alivio del derrame pleural en los pulmones, la fijación de huesos, la excisión de heridas, el drenaje de abscesos y la castración de niños que iban a convertirse en eunucos. Sus instrumentos incluían bisturíes y lancetas de bronce.

Los médicos tenían directrices específicas en el *Código de Hammurabi*. Debían cobrar honorarios según una escala móvil: el más alto para los de la clase noble, la mitad para los de la clase media y una quinta parte para los esclavizados. Si la mala praxis de un médico provocaba la muerte de un paciente, se le cortaban las manos, a menos que el muerto fuera un esclavo. En ese caso, el médico tenía que dar al propietario el precio de compra de un esclavo de reemplazo.

Desde su historia más temprana, los babilonios se interesaron mucho por la astronomía y el tiempo. Registraron la duración de la luz del día en cada día del año solar y emplearon las matemáticas para estudiar la rotación de la Tierra. Desarrollaron nuestro calendario de doce meses, en el que cada mes tiene cuatro semanas de siete días, pero no añadieron los días extra como hacemos nosotros. Ocasionalmente añadían un decimotercer mes para mantener su calendario lunar en sincronía con las estaciones determinadas por el sol. Cada día tenía doce *kaspus* (dos horas) que marcaban cada vez que el sol recorría treinta grados.

Para los babilonios, la astronomía y la astrología iban de la mano. Creían que los fenómenos celestes afectaban a sus vidas terrestres. Así, observaron y documentaron las salidas de Venus durante veintiún años seguidos en las tablillas del *Enuma Anu Enlil*, junto con los movimientos de otros planetas y estrellas principales. Sabían cuándo y dónde aparecerían ciertas estrellas justo antes de la salida del sol (salidas helicoidales) y, sorprendentemente, podían predecir cuándo se alinearían los planetas.

Los neobabilonios caldeos hacían la crónica de las fases lunares y observaban el movimiento retrógrado de los planetas. (Cuando la Tierra en órbita pasa por otros planetas en sus órbitas, parece que algunos planetas se mueven hacia atrás). Hacia el año 721 a. C., los babilonios predecían y registraban los eclipses lunares y solares; pensaban que los eclipses estaban asociados a la muerte de un rey o a alguna otra calamidad. Pero sus registros de eclipses han sido útiles para que los historiadores de hoy en día averigüen cuándo ocurrieron ciertos acontecimientos históricos. También son útiles para los científicos que analizan las variaciones a largo plazo de la órbita lunar.

La contribución de los babilonios a las matemáticas incluyó los conceptos de cero y valor posicional. Contaban por sesenta en lugar de por decenas y podían calcular pares recíprocos iguales a sesenta cuando se multiplicaban. Ya en 1800 a. C., los babilonios utilizaban el álgebra y las fracciones y resolvían ecuaciones cúbicas, lineales y cuadráticas. Podían determinar la circunferencia y el diámetro de un círculo, y una tablilla fechada al menos en el año 1680 a. C. mostraba que calculaban pi (π) hasta un valor de 3,125. Su conocimiento de la trigonometría incluía el uso del teorema de Pitágoras más de un milenio antes del nacimiento de Pitágoras, como se descubrió recientemente en 2021 a través de un análisis de la tablilla *Plimpton 322* que data de aproximadamente 1800 a. C.[62].

Otra brillante aportación de los babilonios fue el *Código de Hammurabi*, un tratado legal escrito por el rey en el siglo XVIII a. C. Otros códigos legales precedieron a su sistema jurídico, pero el de Hammurabi destacó por su detallada extensión. Sus 282 leyes abarcaban cuestiones legales relacionadas con el matrimonio y la familia, el comercio, los salarios, la propiedad, la esclavitud, la mala praxis médica y delitos como la violación, el robo, la agresión, el

---

[62] D. F. Mansfield, "Plimpton 322: A Study of Rectangles", *Foundations of Science* 26 (2021): 977-1005. https://doi.org/10.1007/s10699-021-09806-0.

incesto y el secuestro. Su código regulaba incluso a los barberos, los trabajadores de la construcción, los constructores navales, los médicos y los veterinarios en sus oficios. Su propósito declarado era «evitar que los fuertes opriman a los débiles y velar por que se haga justicia a las viudas y a los huérfanos, para así iluminar la tierra, para fomentar el bienestar de la humanidad».

El Código de Leyes de Hammurabi (hacia 1770 a. C.) está grabado en este pilar de diorita negra

Hammurabi hizo grabar su código legal en un pilar de piedra con forma de dedo de diorita negra de más de dos metros de altura. Los arqueólogos lo descubrieron a 250 millas de Babilonia, en la capital elamita de Susa, donde los elamitas lo habían llevado tras asaltar Babilonia y robarlo. Trasladar el monumento de cuatro toneladas hasta allí, presumiblemente en carreta de bueyes, fue una hazaña digna de mención. La dura piedra de diorita lo mantuvo bien conservado durante milenios. En la parte superior hay una talla de Hammurabi recibiendo la ley de Shamash, dios del sol y la justicia. El resto del monumento tiene las 282 leyes cinceladas en sus lados en escritura cuneiforme.

Hammurabi castigaba duramente las acusaciones falsas y los falsos testimonios con la pena de muerte; sin embargo, generalmente era en caso de asesinato, adulterio u otros delitos castigados con la muerte. También esperaba que los jueces emplearan la debida diligencia en la determinación de la culpabilidad o la inocencia. Si un juez daba por descuido un veredicto de culpabilidad y cobraba una multa, y luego se demostraba que el acusado era inocente, el juez tenía que pagar al acusado doce veces la multa y ser destituido permanentemente del tribunal.

Algunas partes del *Código de Hammurabi* son sorprendentemente similares a la *Ley de Moisés* escrita tres siglos después en la *Torá*. Por ejemplo, la *Ley de Moisés* establecía que, si alguien hería a otra persona, el castigo debía corresponder a la lesión: vida por vida, ojo por ojo, etc. (Éxodo 21). El *Código de Hammurabi* decía lo mismo, excepto que uno podía pagar dinero en lugar de perder un ojo o que le arrancaran los dientes, y la cantidad de dinero dependía del estatus social de la persona herida.

Moisés y Hammurabi tenían leyes civiles similares, pero el *Código de Hammurabi* incluía muchas regulaciones relativas a la ocupación de cada uno, cosa que no hacía la *Torá*. La *Torá* se ocupaba mucho de la religión: instrucciones sobre cómo construir el tabernáculo, cómo debían vestir los sacerdotes, cómo ofrecer sacrificios, cómo celebrar festivales y advertencias de no adorar a otros dioses. El código de Hammurabi apenas mencionaba la religión, excepto el robo en los templos, que se castigaba con la pena de muerte.

El monumento al Código de Hammurabi lo muestra de pie ante Shamash, el dios de la justicia, y recibiendo la ley

Las penas del *Código de Leyes de Hammurabi* eran severas y duras, como cortar la mano, la lengua, la oreja o el pecho del infractor, o peor aún, la ejecución. Sin embargo, fue pionero en la aplicación de criterios jurídicos como la presunción de inocencia hasta que se demuestre la culpabilidad, la determinación de la intención de un delincuente de causar daño y la consideración de las circunstancias atenuantes que influyen en un delito. En estas áreas, fue un pionero, como lo fueron los babilonios en muchos aspectos.

Capítulo 10: Mitos y religión

La espiritualidad era primordial para los babilonios, pero ¿en qué creían? ¿Cómo eran sus templos y festivales, y cómo adoraban a sus dioses? ¿Qué nos dicen sus mitos sobre su concepción de la creación, la vida después de la muerte y el carácter de sus deidades? Este capítulo develará las respuestas a estas preguntas, explorando su macabra historia de la creación y otros mitos fascinantes.

Los sumerios y los babilonios adoraban a muchos de los mismos dioses, pero normalmente con nombres diferentes. El mito de la creación de *Enuma Elish* trata de los dioses más jóvenes que organizan una revolución, matan a los dioses más antiguos y establecen un nuevo régimen espiritual con Marduk a la cabeza. El relato es paralelo a la reorganización de la religión cuando Babilonia ganó preeminencia. Los sumerios nunca habían adorado a Marduk, pero Hammurabi lo elevó de un oscuro dios de la ciudad al dios supremo de Babilonia, el patrón de su nación.

Ishtar (Inanna), la diosa de la guerra y la sexualidad, siguió siendo popular en Babilonia, pero en un lejano segundo lugar después de Marduk, a pesar de que nombraron la puerta principal de Babilonia en su honor. Los mitos babilónicos la retrataron de forma algo desfavorable; la *Epopeya de Gilgamesh* y *El descenso de Ishtar a los infiernos* (en los que nos sumergiremos más adelante en este capítulo) la caracterizan como voluble, rencorosa, desvergonzada y codiciosa. No se la menciona en absoluto en el *Enuma Elish*. Los babilonios tendían a ser más patriarcales y favorecían a los dioses masculinos.

Adad, el dios de la tormenta, podía enviar lluvia vivificante o tormentas mortales
Dibujado por Henri Faucher-Gudin según Austen Henry Layard, dominio público;
https://commons.wikimedia.org/wiki/File:Ramman.png

Según el mito de *Enuma Elish*, los babilonios adoraban a seiscientos dioses que respondían a Marduk después de que este venciera a Tiamat, la diosa primordial del caos. Anu (An) era el dios principal de los sumerios, y en Babilonia, era el abuelo de Marduk, pero menos poderoso que este. Uno de los hijos de Anu, Adad, era originalmente un dios semítico (Hadad). Los babilonios adoraban a Adad como el dios de las tormentas y lo representaban sosteniendo un rayo o un martillo, como el Zeus griego o el Thor germánico. El popular dios sumerio Enki (Ea) era el padre de Marduk, amado por los babilonios porque advirtió a Utnapishtim que construyera el arca para salvar a la humanidad y a los animales del Gran Diluvio. Ea era un dios propicio para los conjuros, la magia y los exorcismos.

El templo más importante de Babilonia era el Esagila, el santuario de Marduk, pero también albergaba santuarios de otros numerosos dioses. En Babilonia había otros cuarenta y tres templos y cincuenta y cinco santuarios de Marduk. A diferencia de los asirios y otras civilizaciones cercanas, los babilonios construyeron su imponente y exquisita arquitectura para complacer a los dioses en lugar de ensalzar sus conquistas militares[63].

Las festividades y el culto conectaban a los babilonios con sus dioses, que pasaban erráticamente de la malevolencia a la bondad. Si no se contentaba a los dioses con los rituales adecuados, podían producirse catástrofes como sequías, enfermedades o desastres militares. Por ello, el sacerdocio y los hechiceros organizaban ceremonias de culto y festivales, alimentaban a los dioses, los adornaban con hermosas ropas y joyas, entonaban himnos y oraciones, y ofrecían sacrificios. Aunque Hammurabi ordenó la pena de muerte para la brujería, en la época neobabilónica los hechiceros eran habituales, necesarios para proteger de los espíritus malignos e interpretar los presagios.

La religión y el gobierno estaban estrechamente entrelazados. El Año Nuevo babilónico caía en primavera, en el mes de Nisán, cuando era el momento de cultivar los campos. Los babilonios celebraban el Año Nuevo con el Festival de Akitu, la gala más celebrada del año, que duraba once días. Un ritual importante era que el rey tomara la mano de la estatua de Marduk, lo que daba legitimidad al rey y mostraba la supremacía de Marduk sobre los monarcas terrestres.

Al comienzo del Festival de Akitu, los sacerdotes llevaban la estatua de Marduk y otros dioses en un gran desfile. Desfilaban por la Avenida de las Procesiones, con sus altísimos muros de quince metros cubiertos de relucientes azulejos con mosaicos dorados de leones, toros y dragones. Al salir por la Puerta de Ishtar, los sacerdotes colocaban ceremoniosamente a Marduk y su séquito de dioses menores en el templo de Akitu, donde descansaban durante los siguientes días.

---

[63] Andrew George, "Ancient Descriptions: The Babylonian Topographical Texts", en *Babylon*, ed. I. L. Finkel y M. J. Seymour. (New York: Oxford University Press, 2008), 161-5.

Los leones de mosaico adornaban los ladrillos azulados de la Avenida de las Procesiones
https://commons.wikimedia.org/wiki/File:Passing_lion_Babylon_AO21118.jpg

Los sacerdotes dirigían al pueblo en oración durante once días en los templos, contando la historia de la creación de Enuma Elish y representando partes de la misma. El rey visitaba el templo de Akitu y se despojaba de sus ropas reales, arrodillándose ante Marduk y los demás dioses en señal de humildad. Marduk desaparecía misteriosamente el séptimo día, simbolizando que había partido para luchar contra Tiamat, diosa del caos; su imagen reaparecía al día siguiente. El décimo día, Marduk regresaba a la ciudad con gran pompa y bailes en las calles, bendiciendo la próxima temporada de siembra y asegurando la prosperidad del año siguiente.

La presencia de Marduk en Babilonia era fundamental para el bienestar de la ciudad. Si los enemigos robaban su estatua (lo que hacían, repetidamente), los babilonios sufrían calamidades, ya que los mesopotámicos creían que sus dioses habitaban en las imágenes de culto. La *Profecía de Marduk* es un relato algo humorístico de los «viajes» de Marduk a Hatti, Asiria y Elam, después de que los enemigos invadieran y saquearan Babilonia, llevándose a Marduk con su botín de guerra.

Aunque Marduk no pudo resistir la captura ni volver a Babilonia sin ayuda, participó activamente en sus viajes. La narración de las dos tablillas que contienen la *Profecía de Marduk* está en primera persona; el propio Marduk está contando la historia. En ella, Marduk describe sus viajes a Hatti y Asiria como si fueran idea suya, y relata cómo los hititas y los asirios lo recibieron amablemente.

Los otros dioses siguieron a Marduk a Elam en su tercer viaje fuera de Babilonia, dejando a esta desolada. Ese viaje no fue tan agradable como los anteriores; a Marduk no le gustó el trato que le dieron los elamitas. En la tablilla encontrada justo detrás de la tablilla de la *Profecía de Marduk*, conocida como la *Profecía de Šulgi*, Marduk predijo que un nuevo y brillante rey de Babilonia arrollaría a Elam y rescataría a Marduk. La profecía fue probablemente una propaganda escrita a posteriori durante el reinado de Nabucodonosor I, tras su rescate de Marduk.

La *Profecía de Marduk* no enumera los nombres de las personas ni las fechas, pero el viaje de Marduk a Hatti habría tenido lugar en el año 1595 a. C., cuando el rey hitita Mursili I asoló Babilonia. Robó a Marduk y acabó con la dinastía amorrea. Los casitas recuperaron a Marduk y gobernaron Babilonia, pero entonces el rey asirio Tukulti-Ninurta I saqueó Babilonia, robando de nuevo a Marduk. Los propios asirios devolvieron a Marduk, temiendo su venganza. La tercera «visita» de Marduk fue a Elam, después de que los elamitas conquistaran y acabaran con el estado casita en 1155 a. C.

Las *Siete Tablillas de la Creación* (el *Enuma Elish*) era el espantoso mito de la creación en Babilonia, en el que se explicaba cómo Marduk obtuvo la preeminencia sobre los demás dioses, creó la tierra y el cielo, designó a cada uno de los seiscientos dioses para sus funciones y supervisó la creación de los seres humanos. Las tablillas más antiguas que se conservan del inquietante relato datan de alrededor del año 1200 a. C., con anotaciones de que los escribas las copiaron de tablillas anteriores escritas antes de la primera era babilónica.

Aunque la historia incluye muchas deidades sumerias, Marduk se eleva por encima de todos los demás dioses como el gran campeón del caos. Comienza como un extraño recuento del *Génesis sumerio de Eridu* (el mito del Diluvio). En ambos relatos, los dioses más antiguos no pueden dormir por culpa de los jóvenes ruidosos. En el *Génesis de Eridu*, los humanos alborotadores no dejan dormir a los dioses mayores, por lo que los dioses envían el Gran Diluvio. Pero Ea (Enki) interviene y le dice a Utnapishtim que construya el arca.

El dios Enki (Ea) advirtió del Gran Diluvio
Osama Shukir Muhammed Amin FRCP(Glasg), CC BY-SA 4.0

El *Enuma Elish* da un giro diferente; no eran los humanos los que hacían ruido, ya que aún no habían sido creados. Eran las escapadas de los revoltosos dioses más jóvenes los que molestaban al primer dios Apsu (el engendrador) y a su esposa Tiamat, diosa del caos. Apsu representaba el agua dulce, y Tiamat era el océano agitado y tempestuoso. Cuando las dos aguas se mezclaron, crearon a los demás dioses.

Casi inmediatamente, Apsu y Tiamat se arrepintieron de haber creado la nueva vida, ya que ahora no podían dormir con todo el alboroto de sus hijos. Pero ni Apsu ni Tiamat reprendieron a los dioses más jóvenes por toda su danza desenfrenada y su clamor durante la noche. Finalmente, no pudieron soportarlo más y se reunieron para discutir el problema. Apsu declaró: «¡Su comportamiento es exasperante! De noche o de día, no puedo dormir. Voy a matarlos».

«¡No! —Tiamat se enfureció y se lamentó—. No podemos asesinar a nuestros hijos. Sé que su comportamiento es deplorable, pero ¿no podemos darles una oportunidad? Regañémosles, castiguemos su odioso comportamiento y veamos si cambian».

El visir de Apsu, Mummu, intervino: «¡Padre! Deshazte de estos alborotadores y luego podrás dormir».

Apsu sonrió, feliz de que Mummu apoyara su plan de matar a los dioses revoltosos. Mummu se acurrucó en el regazo de Apsu y lo besó. Tiamat echó humo y maldijo, pero no pudo convencer a Apsu de que dejara vivir a los jóvenes dioses. Cuando los jóvenes dioses se enteraron de que Apsu planeaba matarlos a todos, se desmoronaron. Cayendo al suelo, se lamentaron con desesperación.

Pero el joven dios Enki, hijo de Anu, decidió actuar. Pronunciando un encantamiento sobre Apsu, sus poderes mágicos pusieron a Apsu en un profundo sueño. Sobrecogido, Mummu jadeó, pero fue impotente ante Enki. Así, Enki mató a Apsu y, a partir de su cuerpo, formó una casa para vivir: la Cámara de los Destinos. Llevó a su esposa Damkina a su nuevo y magnífico hogar, y concibieron un hijo, Marduk, que tenía cuatro ojos, cuatro orejas y fuego que salía de su boca. Anu le dio a su nieto Marduk los cuatro vientos: «Hazlos girar y soplar, hijo mío. Haz un huracán».

Mientras tanto, Tiamat estaba fuera de sí. Había tratado de perdonar a sus hijos, pero ahora habían matado a su marido. Algunos de los dioses la regañaban por permitirlo; ¡debía vengarse! Tiamat unió fuerzas con un nuevo y poderoso esposo, Qingu. Después de que el huracán de Marduk la inundara con un maremoto, Tiamat conjuró todos sus caóticos súper poderes, produciendo una nueva descendencia con Qingu: once espantosos demonios con colmillos, sangre tóxica y armas indomables. Estas diabólicas creaciones acabarían con los dioses más jóvenes.

Enki se acercó a su abuela Tiamat, con la esperanza de hechizarla, como había hecho con Apsu. Pero Tiamat estaba preparada para él, con chillidos y conjuros ensordecedores.

Dándose cuenta de que lo superaba, Enki se escabulló. A continuación, su padre, Anu, intentó apaciguar a Tiamat, pero sus escalofriantes chillidos, hechizos y fuerzas demoníacas paralizaron a Anu de miedo. El resto de los dioses se mordió los labios, sin poder hacer nada para defenderse.

Pero entonces Marduk irrumpió en su carro tirado por cuatro poderosos sementales: Destructor, Inmisericorde, Pisoteador y Raudo. Convocó a los siete vientos para asaltar las entrañas de Tiamat. Los hechizos de Qingu lo desconcertaron, pero se mantuvo firme, enfureciendo a Tiamat: «¡Tú! ¡Nuestra madre! ¿Por qué no defiendes a tus propios hijos? ¿Por qué nos desprecias?».

Pero Tiamat estaba fuera de sí debido a su frenética furia, aullando maleficios y hechizos cuando Marduk la capturó en su red de batalla. Envió su huracán a su boca abierta, haciendo estallar su cuerpo. Luego la atravesó el corazón con su lanza, le aplastó el cráneo y la destripó. Capturó y ató a Qingu, y luego pisoteó a los once demonios bajo sus pies. Exhausto, Marduk se sentó e inspeccionó el cuerpo destrozado de Tiamat.

Este bajorrelieve de Nínive puede representar la batalla entre Tiamat y Marduk

Su padre Enki había hecho su casa con el cuerpo de Apsu, y Marduk haría lo mismo con lo que quedaba de Tiamat. Su nuevo hogar sería paralelo al de Enki. Como se filetea un pescado, Marduk dividió a Tiamat en dos mitades, que se convirtieron en el cielo y la tierra. Formó el Éufrates y el Tigris a partir de las lágrimas que brotaban de sus ojos. Marduk creó entonces la luna y las estrellas para marcar el paso del tiempo y designó a los seiscientos dioses en sus funciones.

Los dioses se reunieron alrededor de su nuevo líder con grandes aplausos, besando sus pies y reconociendo a Marduk como su rey. Marduk y Enki ejecutaron a Qingu porque había incitado a Tiamat a la guerra contra los dioses. Enki usó la sangre de Qingu para formar el primer hombre: Lullu. Los humanos serían útiles para ocuparse de todos los detalles prácticos de la vida normal para que los dioses pudieran centrarse en dirigir el universo.

Los dioses extasiados celebraron estos nuevos acontecimientos y se pusieron a trabajar en la construcción de una nueva ciudad estelar: Babilonia. Este magnífico lugar sería el hogar de Marduk y de los dioses principales. Los dioses construyeron el templo de Esagil para Marduk, y luego construyeron templos para ellos mismos. Cuando finalmente terminaron la construcción, se sentaron felizmente a un fastuoso festín, repartiendo las jarras de cerveza y brindando por su nuevo rey Marduk.

Otro mito babilónico, la *Epopeya de Erra*[64], trata de los múltiples «viajes» de Marduk fuera de Babilonia cuando fue «secuestrado». Nergal (Erra), el dios de la guerra, estaba aburrido, así que decidió agitar las cosas. No era divertido ser el dios de la guerra cuando Babilonia disfrutaba de la paz y, desgraciadamente, necesitaba asegurarse de que la humanidad siguiera adorándolo. «Me desprecian», murmuraba repetidamente.

Nergal utilizó encantamientos para engañar a Marduk para que hiciera un viaje lejos de Babilonia, ya que su estatua necesitaba urgentemente ser restaurada. Le prometió a Marduk que cuidaría de las cosas en su ausencia. Con Marduk fuera, Nergal comenzó a poner en práctica su plan para instigar la guerra, pero Marduk

---

[64] Andrew George, "The Poem of Erra and Ishum: A Babylonian Poet's View of War", en *Warfare and Poetry in the Middle East*, ed. Hugh Kennedy (Londres: I. B. Tauris, 2013), 39-71.

regresó antes de tiempo, y Nergal tuvo que poner sus planes en espera. Nergal esperó su momento, y finalmente, Marduk partió en otro viaje. Nergal aprovechó el caos durante la ausencia de Marduk para provocar una horrible guerra en Nippur, recibiendo los elogios de su visir Ishum:

«El cielo está a vuestra disposición, el infierno está en vuestras manos,

estás a cargo de Babilonia; da órdenes a Esagil:

Eres dueño de todos los poderes cósmicos; hasta los dioses te temen...

¿hay guerra sin ti?»[65].

El dios de la guerra Nergal estuvo a punto de destruir el orden cósmico en ausencia de Marduk
https://commons.wikimedia.org/wiki/File:Illustrerad_Verldshistoria_band_I_Ill_034.jpg

Alimentándose alegremente de la incomparable miseria que causaba con su indiscriminada violencia y destrucción, Nergal llegó a hacer planes megalómanos para poner patas arriba el universo. Desharía el gobierno cósmico hasta que todas las naciones, ciudades, familias y hombres se aniquilaran entre sí. Aterrado, su

---

[65] George, "El poema de Erra", 54.

visir Ishum creó una distracción, lanzando una guerra en el monte Sharshar, en el Líbano, la patria de los feroces nómadas que amenazaban a Babilonia. Ishum arrasó el monte Sharshar, derribó los cedros del Líbano y creó un maremoto que arrasó la tierra.

La violencia de Ishum hizo que Nergal volviera a entrar en razón. Nergal finalmente se dio cuenta de que si destruía a toda la humanidad, no habría nadie que alimentara y sirviera a los dioses, además de ocuparse de todas las tareas serviles para las que los dioses crearon a los humanos:

«Sin Ishum, mi vanguardia, ¿qué existiría ahora?

¿Dónde está tu proveedor, dónde están tus sumos sacerdotes?

¿Dónde están tus ofrendas de comida? No olerías el incienso»[66].

El descenso de Ishtar al inframundo[67] es otro extraño mito babilónico. Ishtar (Inanna), la diosa de la sexualidad y la guerra, tramó una toma de posesión del inframundo, donde su hermana Ereshkigal reinaba como reina sobre la tierra de las tinieblas. Ishtar llegó a la puerta del País sin Retorno y la hizo sonar. «¡Guardián de la puerta, ho! ¡Abre la puerta! ¡Déjame entrar! Romperé la cerradura, romperé los postes de la puerta y la forzaré a abrirse si no lo haces. Entonces traeré a los muertos para que se coman a los vivos».

El guardián de la puerta respondió: «¡Detente! ¡Oh, señora, no la destruyas! Iré a anunciar tu nombre a mi reina Ereshkigal».

Cuando el guardián informó a la reina Ereshkigal de que su hermana Ishtar había llegado, Ereshkigal tembló como las cañas. «¿Qué la ha poseído? ¿Acaso quiere vivir aquí como yo, comiendo arcilla como alimento y bebiendo polvo como vino? ¿Llorará, como yo, por los hombres que están separados de sus familias? ¿Por las esposas arrancadas del abrazo de sus maridos? ¿Por los pequeños cortados antes de tiempo?».

«Ve, guardián, abre la puerta. Trata con ella según el antiguo decreto».

---

[66] George, "El poema de Erra", 54.
[67] "Descent of the Goddess Ishtar into the Lower World", en *The Civilization of Babylonia and Assyria*, Morris Jastrow, Jr. (1915). https://www.sacred-texts.com/ane/ishtar.htm.

El guardián se acercó a la primera puerta y la abrió. Pero cuando Ishtar atravesó la puerta, le quitó la corona de la cabeza. «¿Por qué me has quitado la corona?», preguntó Ishtar.

«Es un decreto antiguo», respondió el guardián de la puerta.

En la segunda puerta, le quitó los pendientes. En la tercera, le quitó el collar. En la cuarta, le quitó los adornos del pecho. En la quinta puerta, le quitó el cinturón con piedras semipreciosas. En la sexta puerta, le quitó las pulseras y tobilleras. En la séptima y última puerta, le quitó la ropa.

Cuando Ishtar entró en el País sin Retorno, Ereshkigal se enfureció al verla. Ishtar se lanzó sobre Ereshkigal sin pensarlo dos veces, pero Ereshkigal llamó a su visir: «¡Namtar, échala al calabozo! Infiérele sesenta enfermedades como castigo: enfermedad de los ojos, del corazón, del cerebro; envía la enfermedad contra todo su cuerpo».

Mientras tanto, en la Tierra de los Vivos, había problemas. Ishtar era la diosa de la sexualidad; cuando dejó el mundo, los toros dejaron de montar a las vacas, todos los animales dejaron de aparearse, los hombres dejaron de acercarse a las jóvenes en la calle, y todos dormían solos. Ni los animales ni los humanos se reproducían. Si esto continuaba, ¡toda la vida desaparecería! Shamash, el dios del sol, fue a llorar a Enki. Con lágrimas en los ojos, le dijo que Ishtar había ido al inframundo y que toda la vida pronto terminaría.

Enki envió un mensajero al inframundo, pidiendo que Ereshkigal liberara a su hermana y la rociara con el agua de la vida. Cuando Ereshkigal escuchó esto, se mordió el dedo y maldijo al mensajero. «¡Que las heces de las alcantarillas de la ciudad sean tu alimento! ¡Que los borrachos te golpeen en la mejilla!».

Sin embargo, Ereshkigal obedeció a Enki. Liberó a Ishtar, la roció con el agua de la vida y la envió fuera del inframundo, a través de las siete puertas. Ishtar recuperó su ropa y sus joyas al atravesar las puertas.

Pero para que Ishtar saliera, alguien debía reemplazarla en el inframundo. Miró hacia la Tierra de los Vivos y vio a su marido humano, Tammuz, el pastor. En lugar de llorar por ella, vestía ropas de fiesta y hacía cabriolas con su hermana, ¡tocando una flauta de lapislázuli! Indignada, Ishtar eligió a Tammuz para que la sustituyera en el inframundo durante seis meses del año, y ella regresaba durante los otros seis meses, cuando los campos estaban en barbecho.

Aunque los mitos babilónicos probablemente darían pesadillas a los niños pequeños, proporcionan una visión fascinante de la cultura, las creencias y los valores babilónicos. Nos informan sobre la percepción babilónica del orden cósmico y el carácter de sus deidades. Más que nada, Babilonia era un centro religioso muy respetado en Mesopotamia, era una ciudad sagrada. En la mente de los babilonios, era el centro del mundo.

Conclusión

Los babilonios partieron de unos orígenes humildes como pastores nómadas para construir una ciudad de impresionante belleza con hasta 200.000 personas en su apogeo, la mayor ciudad del mundo durante más de doscientos años. Construyeron enormes murallas adornadas con relucientes mosaicos, elaborados templos y un imponente zigurat que podía verse a treinta kilómetros de distancia. Sus elegantes jardines colgantes eran tan impresionantes en belleza e ingeniería que los griegos los incluyeron en la lista de las siete maravillas del mundo antiguo.

Tras la caída del Imperio asirio, los neobabilonios se alzaron como el imperio más poderoso del mundo de la época, con una extensión de casi 200.000 kilómetros cuadrados, con múltiples etnias y lenguas. Abarcaba el actual Irak, grandes extensiones de Irán, Kuwait, Siria, Arabia y Jordania, y se extendía por el Mediterráneo hasta incluir Líbano, Israel y Palestina. El entorno multicultural propició novedosos avances en las artes, la arquitectura y las ciencias.

Los babilonios no eran monoculturales; en las tres épocas dominantes de Babilonia, primero gobernaron los amorreos, luego los casitas y, por último, una mezcla de caldeos y otras etnias. En los tres periodos, Babilonia era considerada una ciudad sagrada, el centro del mundo. A lo largo de su historia, Babilonia perpetuó el culto a Marduk y una cultura distintiva dedicada a explorar nuevos conocimientos sobre el universo, la medicina y las matemáticas.

¿Qué podemos aprender de la historia de Babilonia? ¿Qué lecciones podemos aprender de su civilización y de los acontecimientos que la convirtieron en una nación? Antes de que los babilonios se alzaran con el poder, Mesopotamia había sido moldeada por culturas inspiradoras: los ubaid, los sumerios y los acadios. Los babilonios, maestros de la asimilación, tomaron prestado libremente de estas culturas anteriores y de su mayor rival, los asirios.

Al absorber los conocimientos, la cultura y las tecnologías de otras civilizaciones, los babilonios cosmopolitas ayudaron a preservar las culturas antiguas mientras avanzaban con una mezcla de adaptabilidad e innovación. Cuando aprendemos de nuestra propia historia y de los pueblos y culturas que nos rodean, seguimos siendo relevantes y adaptables, capaces de ajustarnos a un mundo en constante cambio y de crecer en energía creativa y éxito.

Para sobrevivir y prosperar, los babilonios tuvieron que establecer brillantes alianzas con sus vecinos y tribus lejanas. Incluso tuvieron que formar alianzas con su principal rival, Asiria, a lo largo de su historia anterior. Estas alianzas fueron un elemento definitivo para preservar su existencia y, finalmente, hacer crecer su imperio hasta cotas sorprendentes. La colaboración y la cooperación suelen decidir el éxito o el fracaso de nuestros esfuerzos, independientemente de lo que esperemos conseguir.

¿Cuáles son las conexiones de Babilonia con la sociedad moderna? ¿Cómo ha contribuido esta antigua civilización a nuestro patrimonio mundial? ¿Por dónde empezamos? Los babilonios nos dieron la semana de siete días, el mes de cuatro semanas y el año de doce meses. Los astutos estudios babilónicos sobre astronomía y sus fenomenales avances en matemáticas constituyeron los fundamentos de la astrofísica moderna, la trigonometría, el análisis numérico y otras innumerables aplicaciones de las matemáticas y la ciencia. La ciencia médica actual debe mucho al desarrollo por parte de los babilonios del diagnóstico, los medicamentos, las técnicas quirúrgicas y el cuidado de las heridas. El código de leyes de Hammurabi influyó en los conceptos de intención, circunstancias atenuantes que afectan a un delito y presunción de inocencia hasta que se demuestre la culpabilidad de nuestro sistema jurídico moderno.

El legado revolucionario de Babilonia sigue vivo. Seguimos beneficiándonos de los innovadores avances de Babilonia en muchos ámbitos de la vida. Esta civilización excepcional y creativa sigue llegando a través del tiempo para influir en nuestra vida cotidiana, incluso en nuestros calendarios. Los ecos de Babilonia resuenan en nuestro sistema de justicia penal, en los conocimientos científicos y matemáticos, en el arte, en la arquitectura y en otros ámbitos. Puede que la ciudad se haya hundido en la arena durante los últimos milenios, pero sus contribuciones al mundo actual perseveran.

Vea más libros escritos por Enthralling History

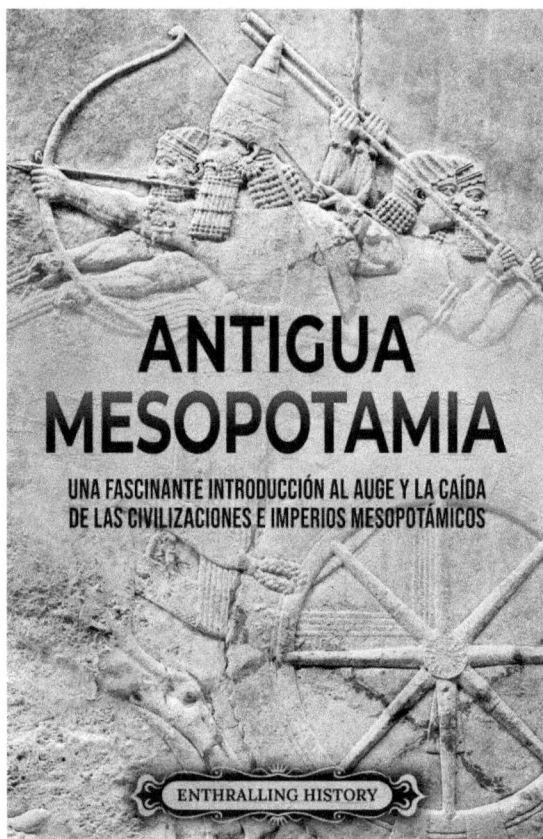

ANTIGUA MESOPOTAMIA

UNA FASCINANTE INTRODUCCIÓN AL AUGE Y LA CAÍDA DE LAS CIVILIZACIONES E IMPERIOS MESOPOTÁMICOS

ENTHRALLING HISTORY

Bibliografía

Assyrian King List. Livius.
https://www.livius.org/sources/content/anet/564-566-the-assyrian-king-list/

Alstola, Tero. "Judean Merchants in Babylonia and Their Participation in Long-Distance Trade". *Die Welt Des Orients* 47, no. 1 (2017): 25–51
http://www.jstor.org/stable/26384887.

Beaulieu, Paul-Alain. *A History of Babylon, 2200 BC-AD 75.* Pondicherry: Wiley, 2018.

Beaulieu, Paul-Alain. *Reign of Nabonidus, King of Babylon (556-539 BC).* New Haven: Yale University Press, 1989.

Bertman, Stephen. *Handbook to Life in Ancient Mesopotamia.* Oxford: Oxford University Press, 2005.

Boivin, Odette. *The First Dynasty of the Sealand in Mesopotamia.* Volume 20: Studies in Ancient Near Eastern Records. Boston: De Gruyter, 2018.

Broad, William J. "It Swallowed a Civilization". *New York Times,* October 21, 2003. https://www.nytimes.com/2003/10/21/science/it-swallowed-a-civilization.html

Carter, R., y Graham Philip, eds. *Beyond the Ubaid: Transformation and Integration in the Late Prehistoric Societies of the Middle East.* Chicago: The Oriental Institute, University of Chicago, 2010.

Chavalas, M. W., ed. *The Ancient Near East: Historical Sources in Translation.* Malden, MA: Blackwell Publishing, 2006.

Chronicle of Early Kings (ABC 20). Livius.
https://www.livius.org/sources/content/mesopotamian-chronicles-content/abc-20-chronicle-of-early-kings

Cuneiform Texts from Babylonian Tablets in the British Museum: Part XIII. Piccadilly: Longmans and Co., 1901.

Dalley, Stephanie. *Myths from Mesopotamia Creation, the Flood, Gilgamesh, and Others.* Oxford: Oxford University Press, 2008.

Da Riva, Rocío. "The Figure of Nabopolassar in Late Achaemenid and Hellenistic Historiographic Tradition: BM 34793 and CUA 90". *Journal of Near Eastern Studies* 76, no.1. https://www.journals.uchicago.edu/doi/full/10.1086/690464

Deams, A. y K. Croucher. "Artificial Cranial Modification in Prehistoric Iran: Evidence from Crania and Figurines". *Iranica Antiqua* 42 (2007):1-21.

De Boer, Rients. "Beginnings of Old Babylonian Babylon: Sumu-Abum and Sumu-La-El". *Free University of Amsterdam.* American Schools of Oriental Research. https://www.jstor.org/journal/jcunestud

De Graef, Katrien. "Dual Power in Susa: Chronicle of a Transitional Period from Ur III via Šimaški to the Sukkalmaḫs". *Bulletin of the School of Oriental and African Studies,* University of London 75, no. 3 (2012): 525–46. http://www.jstor.org/stable/41811207.

"Descent of the Goddess Ishtar into the Lower World", en *The Civilization of Babylonia and Assyria,* Morris Jastrow, Jr., 1915. https://www.sacred-texts.com/ane/ishtar.htm

Editors. "The World's Oldest Writing". *Archaeology,* May/June 2016. https://www.archaeology.org/issues/213-features/4326-cuneiform-the-world-s-oldest-writing

Enthralling History. *Ancient Mesopotamia: An Enthralling Overview of Mesopotamian History,*

Starting from Eridu through the Sumerians, Akkadian Empire, Assyrians, Hittites, and Persians to Alexander the Great. Coppell, Texas: Joelan AB, 2022.

Enthralling History. *The Akkadian Empire: An Enthralling Overview of the Rise and Fall of the Akkadians.* Coppell, Texas: Joelan AB, 2022.

Finkel, Irving. "The Lament of Nabû-šuma-ukîn". En *Focus Mesopotamischer Geschichte, Wiege früher Gelehrtsamkeit, Mythos in der Moderne.* Saaerbrücken, 1999.

George, Andrew. "Ancient Descriptions: The Babylonian Topographical Texts", en *Babylon,* editado por I. L. Finkel and M. J. Seymour. New York: Oxford University Press, 2008, 161-165.

George, Andrew. "The Poem of Erra and Ishum: A Babylonian Poet's View of War", en *Warfare and Poetry in the Middle East,* editado por Hugh Kennedy, 39-71. London: I. B. Tauris, 2013.

George, Andrew. "The Tower of Babel: Archaeology, History and Cuneiform Texts". *Archiv für Orientforschung,* 51 (2005/2006): 75-95. https://eprints.soas.ac.uk/3858/2/TowerOfBabel.AfO.pdf

Grayson, A. K. *Babylonian Historical-Literary Texts: Toronto Semitic Texts and Studies, 3.* Toronto: University of Toronto Press, 1975.

Herodotus. *Capture of Babylon.* Livius. https://www.livius.org/articles/person/darius-the-great/sources/capture-of-babylon-herodotus

Hritz, Carrie, Jennifer Pournelle, Jennifer Smith. "Revisiting the Sealands: Report of Preliminary Ground Reconnaissance in the Hammar District, Dhi Qar and Basra Governorates, Iraq". *Iraq* 74 (2012): 37-49. http://www.jstor.org/stable/23349778.

Huber, Peter J. *Astronomical Dating of Babylon I and Ur III.* Cambridge: Harvard University, 1982.

Jacobsen, Thorkild. "The Assumed Conflict between Sumerians and Semites in Early Mesopotamian History". *Journal of the American Oriental Society* 59, no. 4 (1939): 485-95. https://doi.org/10.2307/594482.

Jastrow, Jr., Morris. "Did the Babylonian Temples Have Libraries?". *Journal of the American Oriental Society* 27 (1906): 147-182. https://www.jstor.org/stable/pdf/592857.pdf

Jones, Tom B. "By the Rivers of Babylon Sat We Down". *Agricultural History* 25, no. 1 (1951): 1-9. http://www.jstor.org/stable/3740293.

Kerrigan, Michael. *The Ancients in Their Own Words.* London: Amber Books, 2019.

King, Leonard W. *A History of Sumer and Akkad: An Account of the Early Races of Babylonia from Prehistoric Times to the Foundation of the Babylonian Monarchy.* New York: Amulet Press, 2015 (first published 1910).

Koppen, Frans van. "The Old to Middle Babylonian Transition: History and Chronology of the Mesopotamian Dark Age". *Ägypten Und Levante / Egypt and the Levant* 20 (2010): 453-63. http://www.jstor.org/stable/23789952

Lawrence, D., A. Palmisano, y M. W. de Gruchy. "Collapse and Continuity: A Multi-proxy Reconstruction of Settlement Organization and Population Trajectories in the Northern Fertile Crescent during the 4.2kya Rapid Climate Change Event". *PLoS One.* 16 (1) (2021). https://pubmed.ncbi.nlm.nih.gov/33428648

Leemans, W. F. "The Trade Relations of Babylonia and the Question of Relations with Egypt in the Old Babylonian Period". *Journal of the Economic and Social History of the Orient 3*, no. 1 (1960): 21–37. https://doi.org/10.2307/3596027

Levin, Yigal. "Nimrod the Mighty, King of Kish, King of Sumer and Akkad". *Vetus Testamentum 52*, no. 3 (2002): 350–66. http://www.jstor.org/stable/1585058.

Lambert, W. G. "Studies in Marduk". *Bulletin of the School of Oriental and African Studies, University of London* 47, no. 1 (1984): 1–9. http://www.jstor.org/stable/618314.

Mansfield, D.F. "Plimpton 322: A Study of Rectangles". *Foundations of Science* 26 (2021): 977–1005. https://doi.org/10.1007/s10699-021-09806-0

Mark, Joshua J. "Ashurnasirpal II". *World History Encyclopedia.* https://www.worldhistory.org/Ashurnasirpal_II

Mark, Joshua J. "The Marduk Prophecy". *World History Encyclopedia.* 2016. https://www.worldhistory.org/article/990/the-marduk-prophecy

Marriage of Martu. The Electronic Text Corpus of Sumerian Literature. Oxford: University of Oxford. https://etcsl.orinst.ox.ac.uk/section1/tr171.htm

Moore, A. M. T. "Pottery Kiln Sites at al' Ubaid and Eridu". *Iraq 64* (2002): 69–77. https://doi.org/10.2307/4200519

Nemet-Nejat, Karen Rhea. *Daily Life in Ancient Mesopotamia.* Westport, Connecticut: Greenwood Press, 1998.

Prayer of Nabonidus (4Q242). Livius. https://www.livius.org/sources/content/dss/4q242-prayer-of-nabonidus

Sackrider, Scott. "The History of Astronomy in Ancient Mesopotamia". *The NEKAAL Observer* 234. https://nekaal.org/observer/ar/ObserverArticle234.pdf

Stol, Marten. "Women in Mesopotamia". *Journal of the Economic and Social History of the Orient* 38, no. 2 (1995): 123–44. http://www.jstor.org/stable/3632512

Teall, Emily K. "Medicine and Doctoring in Ancient Mesopotamia". *Grand Valley Journal of History* 3:1 (2014), Article 2. https://scholarworks.gvsu.edu/gvjh/vol3/iss1/2

The Chronicle Concerning the Reign of Nabonidus (ABC 7). Livius, 2020. https://www.livius.org/sources/content/mesopotamian-chronicles-content/abc-7-nabonidus-chronicle

The Chronicle Concerning Year Three of Neriglissar (ABC 6). Livius, 2006. https://www.livius.org/sources/content/mesopotamian-chronicles-content/abc-6-neriglissar-chronicle

The Code of Hammurabi. Traducido por L.W. King. The Avalon Project: Documents in Law, History, and Diplomacy. Yale Law School: Lillian Goldman Law Library. https://avalon.law.yale.edu/ancient/hamframe.asp

The Epic of Atrahasis. Traducido por B. R. Foster. Livius.

https://www.livius.org/sources/content/anet/104-106-the-epic-of-atrahasis

The Tanakh: Full Text. Jewish Virtual Library: A Project of AICE. 1997. https://www.jewishvirtuallibrary.org/the-tanakh-full-text

The Tummal Chronicle. Livius. https://www.livius.org/sources/content/mesopotamian-chronicles-content/cm-7-tummal-chronicle

Van De Mieroop, Marc. *A History of the Ancient Near East ca. 3000 - 323 BC*. Hoboken: Blackwell Publishing, 2006.

Van De Mieroop, Marc. *King Hammurabi of Babylon: A Biography*. Hoboken: Blackwell Publishing, 2005.

Verse Account of Nabonidus. Traducido por A. Leo Oppenheim. Livius. https://www.livius.org/sources/content/anet/verse-account-of-nabonidus

Vlaardingerbroek, Menko. "The Founding of Nineveh and Babylon in Greek Historiography". *Iraq* 66 (2004): 233–41. https://doi.org/10.2307/4200577.

Weiershäuser, Frauke, y Jamie Novotny. *The Royal Inscriptions of Amēl-Marduk (561–560 BC), Neriglissar (559–556 BC), and Nabonidus (555–539 BC), Kings of Babylon* (PDF). Winona Lake: Eisenbrauns, 2020.

Weidner Chronicle (ABC 19). Livius, 2020.

https://www.livius.org/sources/content/mesopotamian-chronicles-content/abc-19-weidner-chronicle

Weiss, Harvey. *Megadrought and Collapse*. New York: Oxford University Press, 2017.

Weiss, H., M. A. Courty, W. Wetterstrom, F. Guichard, L. Senior, R. Meadow, y A. Curnow. "The Genesis and Collapse of Third Millennium North Mesopotamian Civilization". *Science* 261, no. 5124 (1993): 995–1004. http://www.jstor.org/stable/2881847.

Woolley, C. Leonard. "Excavations at Ur". *Journal of the Royal Society of Arts* 82, no. 4227 (1933): 46–59. http://www.jstor.org/stable/41360003.

Year Names of Ibbi-Suen. CDLI Wiki. University of Oxford.
https://cdli.ox.ac.uk/wiki/doku.php?id=year_names_ibbi-suen

Xenophon. *Cyropaedia: The Education of Cyrus.* Traducido por Henry Graham Dakyns. Proyecto Gutenberg EBook.
https://www.gutenberg.org/files/2085/2085-h/2085-h.htm